THÉÂTRE DES FOLIES-DRAMATIQUES.

LA GRAINE

DE

MOUSQUETAIRES

VAUDEVILLE EN CINQ ACTES

Par MM. PAUL DE KOCK et GUÉNÉE

Représenté pour la première fois, à Paris, sur le théâtre des FOLIES-DRAMATIQUES,
le 19 mai 1849.

Prix : 60 centimes.

PARIS

BECK, LIBRAIRE

RUE GIT-LE-CŒUR, 12

TRESSE, successeur de J.-N. BARBA, Palais-National.

1849

LA GRAINE DE MOUSQUETAIRES

VAUDEVILLE EN CINQ ACTES

Par MM. PAUL DE KOCK et GUÉNÉE (adolphe)

Représenté pour la première fois, à Paris, sur le théâtre des FOLIES-DRAMATIQUES, le 19 Mai 1849.

PERSONNAGES.	ACTEURS.
D'ARTAGNAN	Mmes Désirée Mayer.
ATHOS	Olivier.
PORTHOS	Duplessy.
ARAMIS	Adèle.
LE MARQUIS DE FRANCORNARD	MM. Heuzey.
LE COMTE DE GRAMMONT	Raoul.
PLANCHET	Coutard.
UN OFFICIER	Lemonnier.
UN SOLDAT	Auguste.
UN DOMESTIQUE	Desquels.
UN PÊCHEUR	Édouard Clément.
LA MARQUISE	Mmes Martineau.
HÉLÈNE	Hetzel.
PELOTTE	Dinah.
LA SUPÉRIEURE	Meraux.
LA TOURIÈRE	Camille.

ACTE PREMIER.

Une cour d'auberge. Grande porte ouverte. Au fond à droite, un pavillon, fenêtre, face au public ; à gauche, les bâtiments, on voit écrit : AU DINDON-ÉTERNEL, CHAPON, RESTAURATEUR. — A droite, un banc devant le pavillon, à gauche, un banc contre la maison.

SCÈNE PREMIÈRE.
PLANCHET, PELOTTE.

PLANCHET, *sortant du pavillon.* Oui, Monseigneur, dès qu'il viendra des voyageurs je vous avertirai... c'est convenu... (*Il referme la porte.*) Une pièce d'or... à la bonne heure, en voilà un qui est généreux... J'ai pas souvent des aubaines comme ça.

PELOTTE, *sortant de l'auberge.* Planchet ! Planchet !.. allons donc, on te demande à la cuisine, on te demande à la salle, on te demande à la cave...

PLANCHET. Autant dire qu'on me demande partout alors... mais je ne peux pas me couper en trois... je suis déjà sur les dents...

PELOTTE. Ah ! paresseux !.. je te conseille de te plaindre... et qu'est-ce que je dirai donc alors ?.. tout le détail de la maison roule sur moi !

PLANCHET. O ! mais vous, Pelotte, vous êtes solide... et puis, d'ailleurs, les femmes, c'est pas comme les hommes.

Air : *Balet des pierrots.*

Les femm's, mam'sell', je vous l'assure,
C'est fièr'ment solide, voyez-vous !
C'est l' chef-d'œuvre de la nature,
Ell's doivent durer plus que nous !
Ardent's au plaisir, à l'ouvrage,
Elles y vont sans se lasser,
Et quand vous les croyez en nage,
Ell's sont prêt's à recommencer.

Mais moi, qui ne fais pas partie de cette belle moitié de la création, je commence à en avoir assez du métier de garçon d'auberge, chez mon parrain Chapon... qui me pince quand je laisse brûler le rôti, qui me soufflette quand je manque une sauce, et qui me rosse quand je casse une assiette... Ce qui fait que je suis tous les jours pincé, rossé et soufflé... Ce sont mes gages... on me paie exactement, par exemple... oh! ça! je suis payé recta!

PELOTTE. Ah! ah! ce pauvre Planchet...

PLANCHET. Et puis, toujours tant de monde dans cette auberge... Enfin, aujourd'hui, on ne sait où donner de la tête...

PELOTTE. Aussi voilà les vivres qui nous manquent... Il n'y a plus qu'une poularde, encore est-elle retenue pour un grand seigneur qui va arriver.

PLANCHET. Eh ben! les voyageurs qui viendront après ou avant seront contents...

PELOTTE. Ton parrain t'enverra aux provisions.

PLANCHET. Merci!.. je connais le pour-boire qu'il me donne quand je reviens du marché. (*Il fait un mouvement de pied.*)

PELOTTE. Pourquoi es-tu si niais?.. Comment, tu nous achètes des lapins pour des lièvres!

PLANCHET. Mam'selle, c'est pas ma faute, on les avait vidés.

DES SOLDATS, *entrant au fond*. Garçon... une salle... du vin... du vin...

PLANCHET. Bon, encore du monde... S'ils ont faim, ce sera gentil.

PELOTTE. Conduis ces militaires... tu leur offriras une omelette, du fromage.

LES SOLDATS. Allons donc, garçon...

PLANCHET. On y va!

CHOEUR.

Air du *Pré aux clercs*.

On dit, dans cette auberge,
Qu'on ne manque de rien,
Il faut qu'on nous héberge,
Et qu'on nous serve bien.

(*Ils entrent dans la maison avec Planchet.*)

SCÈNE II.
PELOTTE, LE COMTE.

PELOTTE. Mais où donc que nous allons mettre tout ce monde-là?... C'est égal, moi, je ne suis pas comme Planchet, plus on est ahuri et plus je suis contente.

LE COMTE, *sortant du pavillon*. Personne encore... je suis d'une inquiétude...

PELOTTE. Ah! v'là le jeune seigneur... qui est arrivé ce matin... Heureusement, il ne demande pas à manger celui-là...

LE COMTE. Dites-moi, la fille, il n'est pas venu deux dames... qui voyagent sans suite... incognito...

PELOTTE. Monsieur, en fait d'incognito... j'ai vu que la coquetière, qu'a passé tout-à-l'heure... avec son mari et son âne.

LE COMTE, *à part*. Hélène m'a promis qu'elle déciderait la marquise à venir me dire adieu...Oh! quels que soient les dangers qui me menacent, je ne quitterai pas la France sans la revoir une dernière fois.

PELOTTE. Après ça, nous attendons encore du monde... Il y a un grand seigneur qui a fait retenir un logement... il amènera peut-être des dames... C'est le marquis de Francornard...

LE COMTE. Le marquis de Francornard?.. il va venir ici?..

PELOTTE. Oui, Monsieur... avec ses gens et ses bêtes : autrement dit, sa maison!

LE COMTE, *à part*. Ah! s'il la rencontrait... courons au-devant d'elles.... tâchons de les prévenir... (*A Pelotte.*) La fille, je sors... si ces dames venaient, conduisez-les dans ce pavillon, et recommandez-leur de ne pas se montrer... Vous entendez... (*Il sort vivement par le fond.*)

PELOTTE. O! ce jeune seigneur-là n'pense pas à manger, parce qu'il est amoureux, je le gagerais... Et ces dames qu'il attend... mais il y en a deux... est-ce qu'il lui en faudrait deux? pour lui seul... Ah! dame, après ça nous avons des gens qui prennent deux biftecks pour un!

SCÈNE III.
PELOTTE, D'ARTAGNAN.

D'ARTAGNAN, *entrant, couvert de poussière, une rapière au côté*. Une auberge... ah! ce n'est pas malheureux... car je n'en peux plus de fatigue et de faim... Entrons...

PELOTTE. Encore du monde... Ah! c'est un tout jeune homme... il est gentil...

D'ARTAGNAN. Une servante... voilà mon affaire... Bonjour, la fille... (*Il l'embrasse.*)

PELOTTE. Eh bien! Monsieur! par exemple... En v'là des manières... Vous êtes fièrement entreprenant... pour un gamin!

D'ARTAGNAN. Gamin!.. mordiou... Je te passe le mot, parce que tu es gentille; mais il te coûtera encore quelque chose... (*Il l'embrasse.*)

PELOTTE. Ah! du moment que c'est votre pourboire, on s'y fera... Que désire Monsieur?

D'ARTAGNAN. A dîner, à coucher, une bonne chambre, un bon lit, du bon vin... et toi, par dessus le marché, si c'est possible...

PELOTTE. Ah ça, mais... c'est un démon que c't enfant là... Comment, on vous laisse voyager si jeune?.. on n'a pas peur que vous vous perdiez?..

D'ARTAGNAN. Je n'ai pas demandé la permission... Tiens, veux-tu savoir mon histoire?.. en quatre mots la voilà... Je suis né à Artagnan, d'une famille noble, mais peu fortunée... Mes bons parens ont fait pour moi tout ce qu'ils pouvaient... J'ai reçu une éducation digne de mes aïeux... je monte à cheval, je me bats, je me grise, je joue... Et avec toutes ces qualités, je serais resté à la charge de ma famille ?... allons donc...

Air : *Tout comme a fait mon père.*

Un beau matin je me suis dit :
Il faut changer de place,
J'ai seize ans, de l'audace
Et du courage et de l'esprit,
Il est temps de quitter mon nid.
   Déjà je grille
   D'être un bon drille !
   C'est de famille !
   Plus d'une pécadille
Fut commise par mes aïeux,
Mon père fut un gaillard, un preux,
   Très amoureux
   Et très audacieux.
A mon tour je veux faire,
Tout ce qu'a fait mon père.

PELOTTE. Il est drôle tout plein... Et où allez-vous comme ça ?

D'ARTAGNAN. Où je vais ?.. Je n'en sais rien... à Paris, probablement... C'est là où se tient la cour... je m'y présenterai... J'ai un écu en poche, une rapière au côté, avec cela on doit passer partout...

PELOTTE. Ah ! vous voulez aller à la cour... rien qu'avec un écu ?... Je crois que ça coûte plus cher...

D'ARTAGNAN. Mais, en attendant, j'ai faim... donne-moi donc une chambre et à dîner, ma petite... comment t'appelles-tu ?

PELOTTE. Pelotte, à votr' service, Monsieur.

D'ARTAGNAN. Pelotte !.. mais j'aime beaucoup ce nom-là... Va, ma grosse Pelotte... tu m'as entendu ; à dîner, vite !

PELOTTE. C'est ben embarrassant, allez !.. nous avons tant de monde... enfin, c'est égal, je vais voir... je vais tenter de vous trouver un petit coin... Tenez, asseyez-vous là, sur ce banc. (*Elle montre le banc devant le pavillon.*)

D'ARTAGNAN. Très bien ! oh ! je ne suis pas difficile... (*Il va s'asseoir sur le banc.*) Je vais faire un petit somme, tu m'avertiras quand mon dîner sera prêt. (*Il s'étend sur le banc.*)

PELOTTE. Oui, Monsieur... dormez un brin... (*A part.*) Je n' sais pas où je vas le fourrer... Si je le mettais dans ma soupente ?.. oh ! non... on croirait des bêtises... il y a des langues si susceptibles.

SCÈNE IV.

LES MÊMES, ARAMIS, *costume un peu plus sévère, épée au côté.*

ARAMIS. Ah ! je vais donc trouver un gîte !.. La Providence a veillé sur moi !... elle n'abandonne pas ses élus !..

PELOTTE, *à part.* Tiens, encore un morveux ?

ARAMIS, *saluant gravement.* Mademoiselle, je vous demande bien pardon de la liberté que je prends, mais pourrais-je trouver à loger ici ?

PELOTTE. Dame, puisqu' c'est une auberge.

ARAMIS. Excusez... c'est que je n'ai pas encore l'habitude des voyages...

PELOTTE. Oh ! je le vois ben... (*A part.*) Queu différence avec l'autre... A-t-il l'air réservé... on dirait d'un petit abbé, celui-là. (*Haut.*) Vous venez de loin, jeune homme ?

ARAMIS. Du château de mon oncle, à quatre lieues d'ici... Je suis le chevalier d'Herbelay ; mais il ne faut pas le dire, car si on me savait ici...

PELOTTE. Ah ! bon, vous vous cachez ?... vous avez fait queuque farce... vous aurez séduit queuque jeunesse, peut-être ?

ARAMIS. Oh ! par exemple, Mademoiselle... pour qui me prenez-vous ?

Air : *Que le ciel soit béni* (Fiorella.)

Jamais encor sur une femme,
On ne m'a vu lever les yeux,
Pour elles je n'ai dans mon âme
Qu'un sentiment respectueux ;
Je suis modeste, je suis sage,
Et le beau sexe, Dieu merci !
Ne me causera nul souci !..
Quand je vois un joli corsage,
Je fais bien vite ainsi.....
   (*Il met sa main devant ses yeux.*)
Que le ciel soit béni !..

PELOTTE, *à part.* C'est un petit caffard... j'aime mieux l'autre.

ARAMIS. Mon désir fut toujours d'entrer dans les ordres.. Je voudrais être abbé ; mais mon oncle qui a été militaire, veut faire de moi un mousquetaire.

PELOTTE. Tiens... mais c'est gentil, ça.

ARAMIS. Comme ce n'est pas mon goût, ce matin, je me suis sauvé du château, sans rien dire à personne... et je marcherais encore, si la faim et la fatigue ne m'avaient forcé à m'arrêter ici.

PELOTTE. Ah ! vous avez faim ?... (*A part.*) Les v'là qui ont tous faim à présent.

ARAMIS. Voulez-vous bien m'indiquer une chambre où je puisse reposer en paix et dire mon bénédicité.

PELOTTE. Une chambre... c'est que voyez-vous, nous avons foule ici... et je ne sais pas comment faire pour vous loger... à moins de vous mettre dans la grange, où il y a déjà six nourrices.

ARAMIS. Ah! par exemple! me mettre avec des nourrices... m'exposer à voir des choses... mondaines... je ne veux pas...

PELOTTE, *à part.* Mais est-il serin!.. (*Haut.*) Tenez, Monsieur, attendez un peu ici... Si vous voulez vous asseoir sur ce banc... j'vas tâcher de vous trouver un endroit où il n'y ait pas d'choses... qui vous offusquent.

ARAMIS. Cela suffit, Mademoiselle... j'attendrai... je vais me reposer là... Je vous demande bien pardon de la peine que je vous donne. (*Il va s'asseoir à gauche.*)

PELOTTE. Tiens! c'est mon état... (*A part.*) Il est gentil aussi, c'est dommage qu'il soit si timide... Ah! c'est l'autre là-bas qui l'aurait bien vite dégourdi... Mais où donc que j'vas loger tout ça?..

SCÈNE V.

LES MÊMES, ATHOS.

ATHOS, *arrivant en courant et allant à Pelotte.* Ah!.. enfin! ils ont perdu mes traces...

PELOTTE. Encore un écolier... Ah ça, mais il en pleut aujourd'hui... ils ont donc fait tous l'école buissonnière...

ATHOS. Qu'appelez-vous, écolier!.. Apprenez, ma mie, que je suis le comte de Laffère, et que je n'entends pas qu'on me manque de respect...

PELOTTE. Bah!.. c'est un petit comte ça!.. et pourquoi donc que vous vous sauvez, si vous êtes un comte?

ATHOS. D'abord ça ne vous regarde pas... la fille!.. mais je veux bien vous le dire... parce que j'ai besoin de vous.

PELOTTE. Quoique vous avez donc fait pour avoir si peur d'être puni?

ATHOS. Ce que j'ai fait?.. Parbleu, j'ai fui la maison paternelle.

PELOTTE, *à part.* Encore un... Ah ça! mais ils se sont donc tous donné le mot... (*Haut.*) Est-ce aussi parce qu'on voulait vous faire mousquetaire?

ATHOS. Bien au contraire... Oh! je veux être soldat, moi! je veux servir... Oh! je veux devenir officier... général... maréchal de France... Et croiriez-vous que mes parents voulaient faire de moi un abbé?..

PELOTTE. Tiens... tout le contraire de l'autre....

ATHOS. Moi, entrer dans les ordres!.. jamais... Oh! c'est de la gloire qu'il me faut.

Air : *Archet de la folie.*

Tout jeune encor, je sentais dans mes veines
Bouillir mon sang, sitôt que j'entendais,
De nos Français, de nos grands capitaines,
Auprès de moi, raconter les haut faits;
De mes parents, oui, je crains la colère,
En les fuyant, je tremble à chaque pas,
Mais, je le sens à mon ardeur guerrière,
Au champ d'honneur je ne tremblerai pas.

PELOTTE. Ah! mais... ça fera un z'héros celui-là...

ATHOS. Maintenant, écoute... J'ai une bourse bien garnie : vite une chambre et un bon dîner... ensuite je pars pour Paris.

PELOTTE. Ah! oui... une chambre et à dîner... ils demandent tous la même chose... Mais notre auberge est pleine... et, tenez, v'là déjà deux jeunes voyageurs qui attendent, comme vous, une chambre et un repas.

ATHOS. Qu'ils attendent... je veux être servi le premier... puisque j'ai de l'argent... Tiens, voilà pour ta peine... (*Il lui donne de l'argent.*)

PELOTTE, *à part.* Ça doit être un vrai comte!.. (*Haut.*) Mais s'il n'y a pas de place?

ATHOS. Tu en trouveras pour moi... Allons, la fille, va préparer ma chambre et commander mon dîner... va, j'attendrai ici.

PELOTTE, *à part.* Il est étonnant... faut qu'on lui obéisse. (*Haut.*) Je vas voir, Monsieur... attendez toujours... Reposez-vous quelque part... (*A part.*) Il n'est pas encore vilain celui-là... mais c'est l'premier que j'aime mieux... il m'a embrassée deux fois... (*Elle rentre dans la maison.*)

ATHOS. Oui... oui... je vais me reposer... J'ai tant couru... je suis éreinté... (*Il s'approche du banc de d'Artagnan.*) Il paraît que celui-là était fatigué aussi... Dites donc, Monsieur, faites-moi un peu de place... Il ne m'entend pas... il a le sommeil dur. Voyons ailleurs. (*Il va au banc d'Aramis.*) Ah! nous dormons aussi... mais il ne tient pas tout le banc celui-là... (*Il s'assied à côté d'Aramis.*) Et pour un moment... ça me reposera toujours... Ah! l'on veut me faire abbé... oh! non... je serai militaire... j'aurai un bel uniforme, et je ferai des conquêtes... Oh! les femmes... la gloire!.. (*Il s'endort.*)

SCÈNE VI.

LES MÊMES, PORTHOS, *puis* PLANCHET.

PORTHOS, *paraissant à l'entrée de l'auberge et s'arrêtant pour lire l'enseigne.* Au Dindon-Éternel, Chapon restaurateur, repas de cent couverts, à pied et à cheval... Voilà mon affaire, entrons *au Dindon-Éternel...* On doit bien manger ici, et j'ai une faim... Ah!.. me voilà donc libre... me voilà mon maître... Oh! que c'est amusant de ne plus faire que ses volontés... Mes parents voulaient m'opprimer... c'étaient des tyrans... ils m'avaient mis au pain et à l'eau... sous prétexte que je rossais tout le monde... Tiens! si je suis fort, moi, il faut bien que ça me serve à quelque chose.

J'ai brisé la porte de ma chambre... j'ai démoli la grille du jardin... et me voilà... Ah çà, mais il n'y a donc personne dans cette auberge?.. Holà... garçon... la maison...

PLANCHET, *arrivant en pleurant.* Voilà... voilà... on y va... qu'est-ce que vous voulez, Monsieur.

PORTHOS. Je veux... je veux... Qu'est-ce qu'il a donc à pleurer celui-là... Qu'est-ce qu'on t'a fait, mon garçon... on t'a battu... où est ton adversaire, je vais aller le rosser, moi, son affaire ne sera pas longue...

PLANCHET. Vous êtes bien bon, Monsieu... mais voyez-vous c'est mon parrain qui m'a battu... M. Chapon, le maître de l'auberge, sous prétexte que j'ai encore cassé deux plats... comme si les plats n'étaient pas faits pour être cassés !

PORTHOS. Ah ! si c'est ton parrain... voyons... donne-moi à manger... et beaucoup à manger, j'ai un appétit énorme...

PLANCHET. A manger !.. C'est que nous n'avons presque plus rien...

PORTHOS. Oh ! je ne suis pas difficile... mets un fort gigot à la broche... je m'en contenterai...

PLANCHET. Un gigot... pour vous seul... (*A part.*) Quel petit glouton... qu'est-ce qu'il mangera donc à cinquante ans !..

PORTHOS. Allons, dépêche-toi... je vais me reposer en attendant... (*Il le pousse.*) Mais va donc... corne-de-bœuf.

PLANCHET, *à part.* Un gigot... s'il a un bondon de Neufchâtel... il sera bien heureux. (*Il rentre.*)

PORTHOS. A présent reposons-nous... (*Il va au banc à gauche.*) Ah ! les places sont prises... mettons-nous autre part... (*Il va au banc de d'Artagnan.*) Encore du monde... et je ne vois plus de banc... Tant pis, celui-là est tout seul... Dites-donc, camarade, rangez-vous un peu... faites-moi une place... Ah ! tu fais semblant de ne pas entendre... je vais te mettre dans la ruelle alors... (*Il prend d'Artagnan par les jambes, les pose à terre et s'assied à côté de lui.*)

D'ARTAGNAN, *tout en dormant.*) Hein... de quoi.. le dîner... ah ! oui... à table...

PORTHOS. Qui dort dîne, cher ami... et je vais faire comme toi en attendant que mon gigot soit cuit. (*Il s'endort.*)

SCENE VII.

LES PRÉCÉDENTS, *endormis,* LA MARQUISE, HÉLÈNE. (*La marquise et Hélène arrivent par le fond, enveloppées dans de grandes pelisses et n'avancent qu'avec précaution.*)

LES DEUX FEMMES, *à demi-voix.*

Air : *L'amour nous appelle.*

C'est ici, je pense,
Qu'il se trouvera ;
Ayons confiance,
Il doit être là !..

LA MARQUISE. Ah ! ma chère Hélène, je sens que j'ai eu tort d'accorder ce rendez-vous au comte... à combien de périls je m'expose... et lui-même... s'il était reconnu... arrêté...

HÉLÈNE. Mais ce pauvre jeune homme... parce qu'il vous a aimée avant votre mariage... est-ce une raison pour le désespérer maintenant... Pourquoi M. le cardinal de Richelieu qui vous portait un intérêt si tendre, vous a-t-il forcée à épouser M. le marquis que vous n'aimez pas.

LA MARQUISE. Ah ! c'est bien pour cela qu'il me l'a donné pour mari.

HÉLÈNE. Et parce que M. de Grammont à continué de vous aimer, de vous le dire, le cardinal, sur le plus léger indice, prétend qu'il a conspiré avec M. de Cinq-Mars, il signe l'ordre de le conduire à la Bastille.

LA MARQUISE. Pauvre comte ! il est innocent, je n'en doute pas, mais le cardinal est puissant, et pour ne pas être renfermé à la Bastille, il faut que M. de Grammont s'expatrie.

HÉLÈNE. Avant de quitter la France, il désire vous dire un dernier adieu ; où est le mal ? M. le marquis vous croit au château de votre tante, et d'ailleurs ne suis-je pas là, près de vous, pour éloigner les périls qui pourraient vous atteindre.

LA MARQUISE. Chère Hélène, comment reconnaître tant d'attachement.

HÉLÈNE. Ma vie ne vous appartient-elle pas, Madame, ne m'avez-vous pas recueillie, protégée, moi, pauvre orpheline, sans fortune, sans appui... Ah ! je suis trop heureuse quand je puis vous prouver mon dévouement.

LA MARQUISE. Mais je ne vois pas le comte et personne n'est là pour nous guider.

HÉLÈNE, *regardant les deux bancs.* Ah ! Madame... voyez donc... un nid d'écoliers !..

LA MARQUISE. En effet... ils reposent... heureux âge... à la suite de quelque longue promenade ils seront entrés ici...

HÉLÈNE. Mais c'est qu'ils sont fort gentils tous les quatre.

Air : *Parlez plus bas.*

Voyez-les, chacun d'eux repose,
Et chacun sourit en dormant ;
A cet âge, on voit tout en rose,
On est heureux, même en rêvant !
Dans leurs songes pour eux la vie
N'offre ni peines, ni tracas,
Par l'amour elle est embellie...
La route en est douce et fleurie !..

LA MARQUISE.

Pauvres enfants ! Parlons bien bas,
Surtout ne les éveillons pas...

ENSEMBLE.

Parlons bien bas
Surtout ne les éveillons pas...

PLANCHET, *sortant de la maison.* Gnia pas plus de gigot que d'poisson et... Ah! tiens, deux belles voyageuses...

HÉLÈNE. Mon ami... n'avez-vous pas ici un jeune seigneur... qui attend des dames... et qui vous a dit qu'on demanderait M. de Mergy !

PLANCHET. Ah! oui... oui... Madame... un jeune homme... bien généreux.... voilà le pavillon où il était... mais impatienté de ce que vous n'arriviez pas, il est sorti pour aller au-devant de vous.

LA MARQUISE. Quel fâcheux contre-temps.

PLANCHET. Oh! il a dit qu'il revenait tout de suite... et si vous voulez toujours entrer dans ce pavillon...

HÉLÈNE. Oui... venez, Madame... ne restons pas dans cette cour où vous pourriez être vue.

LA MARQUISE. Dès que le jeune homme arrivera qu'il vienne nous trouver...

PLANCHET. Soyez tranquilles, Mesdames... oh! il n'y manquera pas. (*Hélène et la marquise entrent dans le pavillon.*)

SCÈNE VIII.
LES MÊMES, *excepté les dames.*

PLANCHET. Ce sont des dames de la haute volée... J'ai reçu encore un soufflet pour une bouteille étoilée... merci, j'en ai assez de la maison... Je vais faire mon paquet... mais avant faut que je dise à ce jeune gaillard qui a si faim qu'il n'aura pas de gigot... Tiens... ils sont quatre... il a fait des petits, l'autre...

ARAMIS, *rêvant.* Sainte Madone, priez pour moi...

PLANCHET. Ils rêvent tout haut...

ATHOS, *rêvant.* Des combats... de la gloire... une épée...

PLANCHET. Celui-là aussi...

PORTHOS, *rêvant.* Un gigot... deux gigots... trois gigots...

PLANCHET. Il n'a qu'à demander un mouton tout de suite...

D'ARTAGNAN. A moi... une maîtresse... deux maîtresses... trois maîtresses...

PLANCHET. Bon... celui-là veut autant de maîtresse que l'autre de gigots.

D'ARTAGNAN. Oh! elle sera à moi, et si l'on croit me la disputer... (*Il s'éveille.*) Qui est-ce qui s'est permis de se coucher dans mon lit... Comment, on entre dans ma chambre sans me prévenir...

PORTHOS. Ah! corne-de-bœuf... vous m'avez reveillé, vous...

D'ARTAGNAN, *se levant.* Voyez donc le grand malheur... pourquoi vous étiez-vous glissé dans mon lit...

PORTHOS. Votre lit... il est bigrement dur.

ARAMIS, *à Athos.* Monsieur, voulez-vous avoir la bonté de vous reculer... vous m'étouffez...

ATHOS, *se frottant les yeux.* Ah! quel mauvais coucheur... j'en ai assez... (*Il se lève.*)

D'ARTAGNAN, *regardant les autres.*) Ah! ah! les drôles de figures...

ATHOS. Qu'est-ce qu'il a donc à rire, ce monsieur...

ARAMIS. Pourquoi donc me regarde-t-il ainsi ?

PORTHOS. Si je n'avais pas si faim je les rosserais tous... Garçon, garçon !

LES AUTRES. Garçon... la ...son.... à dîner... à manger... nous avons faim...

PLANCHET, *s'avançant.* Voilà, Messieurs, voilà... Ah! il paraît que vous ne dormez plus... vous dormiez joliment tout à l'heure... vous dormiez à une pistole par tête !..

PORTHOS. Voyons, imbécile, mon gigot...

D'ARTAGNAN. Mon dîner, mordioux... où je t'échine.

ARAMIS ET ATHOS. Mon dîner... tout de suite...

PLANCHET. Messieurs, ne vous mettez pas en colère... vous concevez que ce n'est pas ma faute... c'est pas moi qui ai mangé toutes les provisions de l'auberge...

D'ARTAGNAN. Mangé les provisions ! qu'est-ce que cela veut dire...

PORTHOS. Je n'aime pas ces plaisanteries-là.

PLANCHET. Cela veut dire qu'il n'y a plus de présentable dans l'auberge qu'une poularde, pas autre chose, du reste plus de viande, plus de poissons... rien.

D'ARTAGNAN. Une poularde... eh bien! je m'en contenterai... tu vas me la servir.

PORTHOS. J'aurais préféré un gigot, mais enfin... donne-moi toujours la poularde.

ATHOS. Je vous demande pardon, Messieurs, mais cette poularde sera pour moi.

D'ARTAGNAN ET PORTHOS. Hein...

ARAMIS. Messieurs, je suis désolé de vous contrarier, mais c'est moi qui retiens cette volaille.

D'ARTAGNAN. Ah bon !.. lui aussi... avec son petit air sucré...

ARAMIS. Oui, Monsieur... oh! je ne m'emporte pas... je ne manquerai jamais à personne... mais je ne souffre pas que l'on me manque...

D'ARTAGNAN. Eh bien !.. nous allons un peu rire alors.

PORTHOS. A moi la poularde, corne-de-bœuf.

LES AUTRES. A moi... à moi.

D'ARTAGNAN. Messieurs, nous avons des épées.. le sort en décidera.

LES AUTRES. Accepté.

PLANCHET, *à part.* Allons... voilà qu'ils vont se battre pour une volaille qu'un autre a retenue...

LES QUATRE JEUNES GENS.

Air de *la Syrène*.

Quelle joyeuse équipée,
Quel plaisir de dégainer,
A la pointe de l'épée
Il faut gagner son dîner.

(*La musique continue, ils se battent, changeant par fois d'adversaire ; Planchet les regarde en tremblant.*)

D'ARTAGNAN, *à Aramis*. A vous, Monsieur... mais vous n'allez pas mal pour votre âge...

ARAMIS. Vous êtes bien honnête... à vous celle-ci...

PORTHOS. Sapristi... mais vous avez de l'habitude...

ATHOS. Mais... oui... et vous êtes solide... vous...

SCÈNE IX.

LES PRÉCÉDENTS, LE MARQUIS, DEUX ÉCUYERS.

LE MARQUIS, *paraissant au fond*. Arrêtez ! arrêtez !

D'ARTAGNAN, *rengaînant*. Du monde !.. c'est insupportable... on ne peut pas s'amuser un moment...

LE MARQUIS. Que signifie ceci... deux duels dans cette auberge, en plein soleil... et ce sont des gamins... des écoliers qui se permettent de ferrailler.

ATHOS. Des gamins...

ARAMIS. Des écoliers...

PORTHOS. J'ai envie de l'assommer...

D'ARTAGNAN. Monsieur, de quel droit venez-vous vous mêler de nos affaires... si nous voulons nous battre, nous....

LE MARQUIS. Du droit que me donne ma charge, Messieurs... apprenez que je suis gentilhomme ordinaire de sa majesté, et grand écuyer du cardinal...

TOUS. Du cardinal! oh !.. diable.

HÉLÈNE, *entr'ouvrant la fenêtre*. Il m'a semblé entendre...

D'ARTAGNAN. Du moment que Monsieur est un gentilhomme ordinaire...

LE MARQUIS. Et extraordinaire quelquefois.

HÉLÈNE. C'est le marquis... elle est perdue s'il la voit. (*Elle referme la fenêtre.*)

LE MARQUIS. Je vous le répète, rendez grâce à votre jeunesse, si vous n'étiez pas des mirmidons...

LES QUATRE JEUNES GENS. Hein...

LE MARQUIS. Je veux dire... des... marmots !.. je vous aurais fait arrêter... mais votre âge me fait regarder ceci comme une espièglerie... Fichtre, enfants !.. c'est que M. le cardinal ne plaisante pas en fait de duel... Mais, voyons, pourquoi vous battiez-vous ainsi tous les quatre... car je suppose que vous aviez un motif... ordinairement on se bat pour quelque chose...

D'ARTAGNAN. Je crois bien que nous avions un motif et un excellent... nous nous battions pour une poularde.

LE MARQUIS. Une poularde...

PLANCHET. Oui, celle que l'on a retenue pour Monseigneur, et ces jeunes messieurs se battaient à qui la mangerait.

LE MARQUIS, *riant*. Ah ! ah ! ah ! c'est fort drôle. comment, ils se battaient pour la poularde que je vais manger ?.. Oh ! oh ! oh ! je trouve ceci chimérique. Messieurs, une autre fois, tâchez au moins de vous battre pour un plat qui vous reste.

D'ARTAGNAN. Nous nous battrons pour vous, Monseigneur.

LE MARQUIS. Merci, Messieurs... Valet, conduisez-moi... qu'on prépare mon repas ! Bon appétit, Messieurs... ah ! ah ! ah ! ils se battaient pour ma poularde ? (*Il entre avec les écuyers dans la maison, et précédé de Planchet.*)

SCÈNE X.

LES MÊMES, *excepté* LE MARQUIS.

D'ARTAGNAN. Mordioux ! comment, c'est ce vilain monsieur qui mangera la poularde, et nous serons battus pour rien ?

PORTHOS. C'est à se manger les poings de colère.

ARAMIS. Voulez-vous reprendre la partie, Messieurs ?

ATHOS. Il est gentil, ce petit-là... il va bien...

D'ARTAGNAN. Nous battre encore... non. Tenez, je ne sais pas si vous êtes comme moi, mais ce combat m'a fait voir que vous étiez tous des braves ; il m'a donné l'envie de trouver en vous des amis.

ATHOS ET ARAMIS. Moi aussi.

PORTHOS. Moi, c'est différent... il m'a donné la même envie.

D'ARTAGNAN. Nous nous estimons, c'est déjà quelque chose... maintenant, il faut nous connaître. Je me nomme d'Artagnan, gentilhomme gascon... je quitte la maison paternelle pour faire mon chemin tout seul... et je vais à Paris. A vous.

ATHOS. Le comte de la Fère... On voulait que je devinsse abbé, j'ai pris la clé des champs... et je vais à Paris. A vous.

ARAMIS. On voulait me faire militaire, je voulais rester libre... je me suis sauvé, et j'allais à Paris. A vous.

PORTHOS. Moi, c'est tout autre chose... on m'avait mis au pain et à l'eau... j'ai tout brisé, tout cassé, tout rossé... et je vais à Paris.

D'ARTAGNAN. Oh ! c'est charmant... Nous quittons tous nos parents, nous voulons être nos maîtres... Vous voyez bien qu'il y a sympathie entre nous.

Air : *la Vieille.*

Chacun de nous, la chose est claire,
Éprouvait le même désir,
Oui, la liberté nous est chère,
Et pour la goûter à loisir
Il faut nous ouvrir la carrière,
Et de la gloire et du plaisir. (*bis.*)
Jurons ici, quand le sort nous rassemble,
En bons amis de toujours vivre ensemble,
Aucun de nous ne boude, ni ne tremble,
Nous devons donc être unis, il me semble!
Et, désormais, partager de moitié
L'amour, la gloire et l'amitié.

ENSEMBLE.

Oui, désormais, partageons de moitié, etc.

D'ARTAGNAN. C'est fini, nous sommes amis... l'accolade, comme les chevaliers. (*Ils s'embrassent.*) Et maintenant, commençons à nous entendre. N'êtes-vous pas d'avis qu'il faut enlever la poularde à ce Monsieur si laid?
LES AUTRES. Oh! oui, oh! oui.
PORTHOS. S'il la mangeait, je ne la digérerais pas!...
D'ARTAGNAN. Alors, vite en besogne... l'un à la cuisine, l'autre à la cave, un troisième à l'office, et le quatrième...
PORTHOS. A la broche!

ENSEMBLE.

Air des *Diamants.*

Sachons rire, boire et combattre!
Commençons nos exploits joyeux,
On doit faire le diable à quatre
Puisque l'on fait l'amour à deux.

(*Ils entrent en courant, en sautant dans l'auberge. A ce moment le comte paraît au fond.*)

SCENE XI.

LE COMTE, *puis* LA MARQUISE, HÉLÈNE.

LE COMTE. Plus personne enfin... on m'a dit avoir vu entrer ici deux dames. Sachons si elles sont là... (*Il descend la scène et s'approche du pavillon; la fenêtre s'ouvre, les dames paraissent.*)
HÉLÈNE, *à la fenêtre.* Madame... le voilà!.. c'est lui!...
LE COMTE. Je vous revois enfin!
LA MARQUISE. Ah! malheureux! sauvez-vous... quittez à l'instant cette maison, cette ville... les plus grands dangers nous menacent... mon époux est ici... dans cette auberge.
LE COMTE. Qu'ai-je à craindre de lui? le Marquis n'a jamais pensé à être jaloux de moi... il me témoignait, au contraire, beaucoup d'amitié.
LA MARQUISE. Oui, mais le cardinal lui a tant dit que vous m'aimiez... Enfin, il sait que vous devez être arrêté, et, s'il nous trouve ensemble, cela justifierait les propos de son Éminence. Hâtez-vous de fuir... de notre côté, nous tâcherons d'éviter les regards.
LE COMTE. Partir sans emporter le moindre gage de votre amour!
LA MARQUISE. Tenez, prenez cette bague, c'est un présent du cardinal... ses armes sont gravées sur cette pierre; elle donne entrée et passage partout... elle pourra vous servir dans votre fuite.
LE COMTE. Vous l'avez portée! oh! merci! elle ne me quittera plus.
HÉLÈNE. Et maintenant, partez vite.
LA MARQUISE. Je n'aurai point de repos que je n'aie obtenu votre grâce. Adieu.
LE COMTE. Adieu, adieu. (*Il sort par le fond. Musique.*)
HÉLÈNE. Il est parti... il faut songer à nous, maintenant.
LA MARQUISE. Si tu ouvrais cette porte avec précaution...
HÉLÈNE. Sortir par là, impossible... on est vu de la maison, et j'aperçois des écuyers de votre mari. Ce pavillon a une autre issue par la campagne...
LA MARQUISE. Mais la porte est fermée... la clé n'y est pas.
HÉLÈNE. Il faut absolument que nous ayons cette clé... On vient, prenons garde. (*Elles tiennent la fenêtre entre-bâillée.*)

SCENE XII.

LES DAMES, *dans le pavillon;* D'ARTAGNAN, PORTHOS, ARAMIS, ATHOS, PLANCHET.

D'ARTAGNAN, *cachant quelque chose sous son manteau.* J'ai mon affaire!
ARAMIS, *de même.* Je suis nanti!
ATHOS. Dépouilles opimes!
PORTHOS, *de même.* Ça y est.
PLANCHET, *les mains dans ses poches.* Et moi aussi, que j'ai quelque chose... Messieurs, emmenez-moi avec vous, je serai votre écuyer ou votre valet... tout ce que vous voudrez.
D'ARTAGNAN. Ça va, je t'accepte, tu nous suivras.
HÉLÈNE, *à part.* Ce sont les jeunes gens de ce matin... à cet âge, on doit être serviable, généreux...
PLANCHET. Par exemple, Messieurs, je vous engage à ne pas rester dans cette auberge, car tout-à-l'heure il va y avoir du bruit.
D'ARTAGNAN. Il a raison, partons.
HÉLÈNE, *à la fenêtre.* Messieurs, un mot, de grâce...
TOUS LES QUATRE. Une femme! (*Ils s'approchent de la fenêtre.*)
HÉLÈNE. Deux dames... qui sont forcées de se cacher, voudraient fuir de ce pavillon par une porte qui donne sur la campagne, mais elles n'en

ont pas la clé... Si vous pouviez la leur procurer..

D'ARTAGNAN. Si nous le pouvons!... pour servir des dames!... oh! nous le ferons, quand même cela ne se pourrait pas.

PORTHOS. Mais si ce seigneur nous retrouve ici...

D'ARTAGNAN. Il s'agit de servir des dames, Messieurs... nous songerons à nous quand elles seront sauvées.

HÉLÈNE. Oh! le brave enfant!

D'ARTAGNAN, à Porthos. Va demander la clé.

PORTHOS, à Athos. Va demander la clé.

ATHOS, à Aramis. Va demander la clé.

ARAMIS, à Planchet. Va demander la clé.

PLANCHET. C'est Pelotte qui l'a, je vais la chercher. (Il rentre.)

PORTHOS. Voici ce gentilhomme, Messieurs.

HÉLÈNE, bas à d'Artagnan. S'il entre dans ce pavillon et nous y trouve, nous sommes perdues.

D'ARTAGNAN. Ne craignez rien, il n'y entrera pas tant que vous y serez. (Les jeunes gens se tiennent devant le pavillon.)

SCENE XIII.

LES PRÉCÉDENTS, LE MARQUIS.

LE MARQUIS, sortant de la maison d'un air rêveur, une lettre à la main. Ce message, que je viens de recevoir, m'apprend que le comte de Grammont a osé se montrer dans cette ville... on croit même qu'il s'est caché dans cette auberge... c'est très imprudent, car enfin l'ordre de l'arrêter est donné partout... moi-même, si je le rencontre, je serai obligé de le mettre à exécution... le cardinal le veut... j'en serai fâché... Ce pauvre comte, je l'aimais beaucoup, et je suis persuadé qu'il n'a jamais songé à ma femme... (Il se retourne.) Ah! vous voilà, Messieurs... eh bien! vous ne vous battez plus?

D'ARTAGNAN. Non, Monseigneur, nous respectons trop vos ordres.

PORTHOS. Et puis, ça ne serait plus la peine maintenant...

D'ARTAGNAN, à part. Et cette clé, qui n'arrive pas...

LE MARQUIS. Ah! quel est ce pavillon? Je ne l'avais pas remarqué encore.

ATHOS. C'est un... corps de logis...

ARAMIS. Très gentil.

LE MARQUIS. Qui est-ce qui loge là?

D'ARTAGNAN. Moi, Monseigneur... j'avais pris ce pavillon en attendant mieux.

LE MARQUIS. Ah! c'est vous... seul?

PORTHOS. Nous quatre, si vous le permettez.

LE MARQUIS. Vous quatre!... Pardon, mais je serais bien aise de visiter ce corps de logis.

D'ARTAGNAN, se mettant devant lui. Ah! Monseigneur... par exemple! ce logement n'est pas digne de vous recevoir.

PORTHOS. La chambre n'est pas faite.

LE MARQUIS. Il m'importe peu,... je vous dis que je veux visiter ce pavillon. Je cherche un coupable... Je sais bien que ce n'est pas vous, mais il peut s'y être caché à votre insu.

PLANCHET, bas à Aramis, en lui glissant une clé. La clé.

ARAMIS, la donnant à Athos. La clé.

ATHOS, à Porthos. La clé.

PORTHOS, à d'Artagnan. La clé.

D'ARTAGNAN. Oh! bonheur! (Passant la clé à Hélène.) Prenez... partez vite.

HÉLÈNE. Oh! merci, merci. (Elle disparaît.)

D'ARTAGNAN. Si Monsieur le gentilhomme ordinaire veut absolument visiter ce pavillon, certainement, nous n'avons pas l'intention de l'en empêcher, seulement, si nous avions eu le temps de ranger un peu...

PLANCHET. Je pourrais aller frotter.

LE MARQUIS. Mais non, encore une fois, que me font tous ces détails... Je vous dis que je vais faire des recherches, voilà tout.

D'ARTAGNAN, courant à la porte. Oh! alors, permettez-moi de vous servir d'introducteur, Monseigneur. (Il ouvre, regarde dans le pavillon et dit bas.) Elles sont parties. (Au marquis.) Quand vous voudrez entrer, Monseigneur...

LE MARQUIS. Mais il y a une heure que je le veux. (Il entre dans le pavillon.)

D'ARTAGNAN. Va, cherche maintenant... mais il faut aussi que tu ne puisses pas courir après nous. (Donnant un tour de clé.) Faites vos perquisitions, Monseigneur, et maintenant, en route, nous autres, mais fièrement, et l'arme au bras.

LE MARQUIS, à la fenêtre. Je m'étais trompé, il n'y a personne. (Il veut sortir.) Tiens, je suis enfermé. (A la fenêtre.) Eh! jeunes gens, vous avez donné un tour de clé de trop... ouvrez-moi donc.

D'ARTAGNAN, qui tient la poularde au bout de son épée.) Vous êtes bien là, restez-y... nous allons manger la poularde.

ARAMIS, montrant un fromage rond au bout de son épée. Avec du dessert.

ATHOS, montrant un pain. Rien ne nous manque... l'utile et l'agréable.

PORTHOS, montrant un chat embroché. Voici même une autre espèce de gibier, préparé sans doute pour Monseigneur.

PLANCHET, tirant des bouteilles de sa poche. Et voici des liquides.

LE MARQUIS. Qu'est-ce que je vois! mon dîner, qu'ils emportent... A moi... du monde... arrêtez ces garnements.

D'ARTAGNAN. Bon appétit, Monseigneur.

ENSEMBLE.

Air : *Muletier*. (Chœur.)

Au grand air c'est agréable,
De dîner en liberté,
Nous allons nous mettre à table

Et boire à votre santé.

(*Ils défilent devant le marquis en brandissant leur épée où sont embrochés les comestibles. Pelotte vient à la porte de l'auberge et les regarde en riant.* — Tableau.)

FIN DU PREMIER ACTE.

ACTE DEUXIÈME.

A Paris. Une chambre fort peu meublée. Quelques chaises, une table, une grande armoire, à droite, une porte à gauche, une au fond, une fenêtre.

SCÈNE PREMIÈRE.

D'ARTAGNAN, ATHOS, PORTHOS, ARAMIS.

(*Au lever du rideau d'Artagnan est en train de brosser son chapeau, Athos examine son manteau, Aramis lit, Porthos nettoie son baudrier.*)

ENSEMBLE.

Air : *la Favorite*.

Rajustons notre toilette,
Tâchons qu'elle soit coquette,
Afin de tourner la tête
Aux tendrons
Que nous verrons.

ATHOS, *examinant son manteau*. Diable... j'aperçois un endroit clair... ah! voilà encore un clair... bon... encore un jour... de souffrance...

D'ARTAGNAN. Il me paraît que ton manteau n'est pas mal éclairé, moi, plus je frotte mon feutre, moins il reluit; et cette maudite plume blanche qui baisse la tête en rougissant... Aramis, est-ce que tu ne pourrais pas me prêter la tienne...

ARAMIS. Qu'en ferais-tu... elle est chauve!..

PORTHOS. Fais comme moi... remplace-là par une queue de lapin que j'ai dérobée au cordon de sonnette de la sage-femme en bas...

D'ARTAGNAN. Et si la sage-femme t'avait surpris lui volant sa queue de lapin.

PORTHOS. Je lui aurais dit que c'était une envie de femme grosse.

ATHOS. Bon... voilà mon pourpoint qui est grêlé à présent.

PORTHOS. Tu as encore ton pourpoint, toi, tu es bien heureux... je suis veuf du mien... (*Il se lève et paraît en caleçon.*)

TOUS. Ah! ah! il est en baigneur.

D'ARTAGNAN. Qu'as-tu donc fait de ce vêtement indispensable?

PORTHOS. Ma foi, hier, j'étais à jeun, je l'ai troqué contre du veau rôti.

ATHOS. Décidément nous sommes tous logés au même numéro.

D'ARTAGNAN. A l'entresol de la débine.

PORTHOS. Nous avions pourtant de l'argent, en arrivant à Paris.

ARAMIS. C'est-à-dire que c'est Athos qui possédait deux cents écus.

PORTHOS. Puisque nous avions mis tout en commun... ça revient au même.

D'ARTAGNAN. Cet argent n'a pas duré longtemps... c'est Aramis qui en est cause, il achetait tous les jours des livres d'heure.

ARAMIS. C'est plutôt la faute de ce gourmand de Porthos qui a mangé en une semaine trente côtelette, et huit pâtés.

PORTHOS. Et ce muguet d'Athos qui a mis au pillage une boutique de parfumerie.

ATHOS. Sans compter d'Artagnan qui a fait emplette de tout un arsenal de flamberges, de pistolets.

D'ARTAGNAN. Messieurs, ceci pourra du moins nous servir quand nous serons mousquetaires.

ATHOS. Oui! compte là-dessus... notre épée de mousquetaire n'est pas encore fourbie!

ARAMIS. Renonceriez-vous à cette carrière... oh! tant mieux, mes frères, persévérez dans cette intention, si vous saviez combien l'existence est douce dans la retraite...

D'ARTAGNAN. Ta! ta! ta!.. dites donc, Messieurs, il nous vante la retraite et il va tous les soirs au bal...

ATHOS. Non, saprebleu, nous ne renonçons à rien, mais nous désespérons de parvenir... le moyen de solliciter dans ce costume râpé.

PORTHOS, *montrant son caleçon*. Cet uniforme n'est pas reçu à la cour.

ATHOS. Décidément la fortune ne nous est pas favorable...

ARAMIS. Nous avons péché... nous sommes punis...

D'ARTAGNAN. Qu'est-ce à dire, mordioux!.. des regrets, des plaintes, de la faiblesse... vous n'êtes donc pas des hommes.

Air d'*une Passion*.

D'où viennent donc vos alarmes,
Pourquoi vous décourager !

Devrait-on jeter les armes
Lorsqu'arrive le danger.
Si le sort nous est funeste,
S'il nous refuse de l'or,
Si le présent est modeste,
L'avenir, au moins nous reste,
Nous sommes riches encor.
TOUS.
Nous sommes riches encor.
ATHOS.
Même air.
Ta confiance m'enflamme,
PORTHOS.
Elle chasse, mes soucis !
ARAMIS.
L'espoir renait en mon âme...
D'ARTAGNAN.
Vos espérances, amis,
Ne seront jamais trompées
Car nous avons pour trésors,
Une âme des mieux trempées,
Notre valeur, nos épées,
Nous sommes riches encor.
TOUS.
Nous sommes riches encor.

PORTHOS. Je me sens enthousiasmé... ce diable de d'Artagnan nous remet toujours en belle humeur.

D'ARTAGNAN. Ah ! c'est que moi... j'ai bon courage... et j'ai quelque chose là...

ATHOS. Tu as quelque chose là... qu'est-ce que tu as donc là ?..

PORTHOS. Si ce pouvait être une pistole...

D'ARTAGNAN. Ah ! vous n'y êtes pas...

ARAMIS. Il soupire... c'est de l'amour... De qui es-tu amoureux...

D'ARTAGN. Oh ! Messieurs, ne m'interrogez pas, la discrétion c'est la première vertu d'un amant... (*A part.*) Et puis je n'ai encore rien à leur dire... je suis si peu avancé !.. d'ailleurs, si je leur parlais de la voisine ils y feraient attention... et j'aime mieux la lorgner tout seul.

PORTHOS. Ah çà ! je meurs de faim, moi, est-ce qu'on ne déjeune pas aujourd'hui...

D'ARTAGNAN. Rien de plus facile... appelons Planchet.

TOUS. Planchet ! Planchet !

SCÈNE II.
LES PRÉCÉDENTS, PLANCHET.

PLANCHET, *sortant de la pièce à gauche, en bonnet de laine.* Messeigneurs m'ont fait l'honneur d'appeler leur serviteur...

ATHOS. Sans doute, avance, maraud.

PLANCHET. Maraud... c'est pas mon nom, je m'appelle Planchet...

PORTHOS. Tu t'es bien fait attendre... paltoquet !

PLANCHET. Bon ! voilà que je m'appelle paltoquet à présent.

ARAMIS. Une autre fois soyez plus prompt, mon ami.

PLANCHET. Monsieur, ce n'est pas ma faute, j'étais en train de me recoudre un bouton, car je m'use, oh ! mais je m'use que je ne sais pas où ça s'arrêtera, mon haut-de-chausse devient d'un mince... la portière m'a dit qu'on voyait... le jour au travers !

D'ARTAGNAN. Le fait est que tu manques d'élégance... tu n'es pas digne d'être à notre service.

PLANCHET. Vous trouvez... c'est vrai que j'étais mieux mis que ça chez mon parrain Chapon... j'avais une Pelotte pour recoudre mes boutons alors ! mais si vous me donniez les trois livres par mois que m'avez promises.

D'ARTAGNAN. C'est bien... nous verrons plus tard... quand nous serons mousquetaires...

PLANCHET. J'ai le temps d'attendre !..

ATHOS. Tu dis, croquant ?

PLANCHET. Croquant !.. Planchet... je me nomme Planchet... Monsieur de la Fère.

ATHOS. Et moi je ne m'appelle plus de La Fère ; ne te rappelleras-tu donc jamais que pour dépister nos parents nous avons changé de noms, que j'ai pris celui d'Athos.

ARAMIS. Moi, celui d'Aramis.

PORTHOS. Moi celui de Porthos, parce que je porte tout ce qu'on veut.

PLANCHET. Tiens, j'ai envie de m'intituler Planchinos.

D'ARTAGNAN. Seul, j'ai gardé le nom de mon village... d'Artagnan... Messieurs, quelque chose me dit que nos noms seront illustres un jour... qu'ils ne périront pas...

PORTHOS. C'est mon estomac qui dépérit... Planchet, va chercher le déjeuner.

PLANCHET. Volontiers, Messieurs... si voulez me donner de la monnaie...

D'ARTAGNAN. Qu'est-ce qu'il dit... Qu'est-ce que tu te permets de dire ?

PLANCHET. Dame, je me permets de vous demander de l'argent pour avoir des comestibles...

ATHOS. De l'argent... à quoi bon ?

ARAMIS. L'argent est la source de tous les vices...

PLANCHET. C'est aussi la source de tous les déjeuners, d'autant plus que le cabaretier ne veut plus faire crédit.

D'ARTAGNAN. C'est différent ; alors les mains aux poches, Messieurs... faisons une masse... tends ton bonnet, Planchet.

PLANCHET, *présentant son bonnet.* Voilà, Messieurs... faites une grosse masse... je ne vas pas regarder, on comptera en bloc.

ATHOS, *après avoir fouillé à sa poche.* Voilà. (*Il met dans le bonnet sans qu'on voie ce que c'est.*)

ARAMIS. A mon tour... (Il se fouille.) Voilà tout ce que je possède... (Il met de même.)
PORTHOS, se fouillant. Est-ce que par hasard... j'aurais perdu... ah! si...je sens quelque chose... (Il met.)
D'ARTAGNAN. Quant à moi, je ne sais pas si j'ai, enfin... voilà tout ce que j'ai... (Il met.)
PLANCHET. Ah! nous allons voir ce que ça fait. (Il secoue son bonnet.) C'est singulier, ça ne sonne pas du tout...
D'ARTAGNAN. Compte donc, imbécile...
PLANCHET, fouillant dans le bonnet. Qu'est-ce que je sens là... (Il tire.) Un dez... de biribi! une pelotte de ficelle... la dame de cœur... et un bouton de haut-de-chausses... celui que j'ai perdu. (Les jeunes gens rient.) Et vous voulez que j'aille acheter à déjeuner avec ça, Messieurs...
D'ARTAGNAN. Allons! pas tant de façons, dis au cabaretier qu'il nous donne ce qu'il a de plus délicat, une dinde truffée, du vin d'Anjou...
ARAMIS. Des soupirs de nonne...
PORTHOS. Du porc frais, et que le cuistre serve chaud, ou nous le ferons périr sous le bâton.
PLANCHET. Mais c'est moi qui vais en recevoir du bâton!
D'ARTAGNAN. Tu as entendu.. nous, Messieurs, allons achever notre toilette... Porthos, je te prêterai un haut-de-chausses.

Air : *Sans délai.*

Va chercher notre repas,
Surtout qu'il soit confortable,
Nous voulons nous mettre à table,
Ainsi donc presse le pas.
PLANCHET, à part.
Quand ils espèrent festoyer,
Qu'ils rêvent à mille bamboches,
J'ai peur qu'au retour mon panier
Soit aussi vide que leurs poches!
ENSEMBLE.
Va chercher notre repas, etc.

(Les jeunes gens entrent dans la pièce, à gauche.)

SCÈNE III.
PLANCHET, puis, HÉLÈNE.

PLANCHET, seul. Aller aux provisions avec ça... D'abord le bouton est à moi. Demandez donc une volaille contre une dame de cœur, un panier de vin pour une pelotte de ficelle... ô pelotte! ce nom me rappelle celle qui chez mon parrain avait sa soupente au-dessus de ma paillasse! elle ne pouvait pas se retourner et pousser le plus léger soupir dans son lit, sans que je l'entendisse... (La porte de l'armoire s'ouvre doucement, Hélène paraît.)
HÉLÈNE. Je crois qu'ils sont sortis... Ah! encore quelqu'un... (Elle referme vite et disparaît.)
PLANCHET. Mais écartons ces souvenirs mythologiques... Allons, advienne que pourra... je me risque... Si le gargottier est inflexible il me reste trois sous... Je leur achèterai un cervelas. (Il sort.)

SCÈNE IV.
HÉLÈNE, seule, sortant de l'armoire un grand panier à la main. Il est parti... Pauvres jeunes gens! j'ai tout entendu, tout appris : leur gêne, leur embarras... le hasard m'a fait découvrir dans mon appartement une porte qui n'était condamnée que de mon côté, et seulement masquée par cette armoire..... en sachant que j'avais pour voisins ces jeunes gens qui dans une auberge ont sauvé ma protectrice, je me suis senti le désir d'acquitter la dette que nous avons contractée... Pauvre marquise, forcée de rester près de son époux... depuis plusieurs jours je n'ai pas de ses nouvelles... lui serait-il arrivé quelque malheur... Allons, chassons ces tristes pensées, et ne songeons qu'à venir en aide à mes jeunes voisins. Ce sont des gentilshommes de bonne maison... je sais leur nom maintenant!... Arrangeons vite le couvert. (Elle avance une table.) Une nappe bien blanche... là, maintenant les provisions... (Elle court à l'armoire et revient avec des provisions.) Oh! seront-ils contents en trouvant leur déjeuner prêt... voilà bien ce qu'il faut... je voudrais pouvoir jouir de leur surprise... Ils vont crier au miracle, à la magie... quoi de plus naturel pourtant!

Air : *Enfants, n'y touchez pas.*

Ils ont sauvé la marquise que j'aime,
Je dois à leur égard faire aujourd'hui de même
Et pour mon cœur, c'est un bonheur extrême
Que de venir,
Ici, les secourir.
(On entend du bruit, à gauche.)
Les voilà! du mystère,
Gardons bien ce secret,...
Qu'ils l'ignorent toujours, car le bien qu'on sait taire
Rend double le bienfait.
C'est un double bienfait!

(Elle disparaît par l'armoire au moment où les quatre jeunes gens arrivent.)

SCÈNE V.
D'ARTAGNAN, ATHOS, PORTHOS, ARAMIS;
ils ont achevé leur toilette.

D'ARTAGNAN. Nous voici aussi élégants que possible avec notre garde-robe... et quand Planchet arrivera..
PORTHOS, apercevant la table. Eh! mais il est revenu... Voyez donc, Messieurs, quel coup-d'œil!
ATHOS. Une table servie!..
ARAMIS. Tout ce que nous avions commandé!
D'ARTAGNAN. Peste!.. Planchet a très bien fait les choses... Je n'aurais jamais cru qu'avec ce que

nous lui avons donné il aurait pu acheter tout cela...

ATHOS. Le cabaretier se sera laissé attendrir...

PORTHOS. Allons, à table !.. et vive la bombance !..

TOUS. A table !..

ENSEMBLE.

Air de la Bouquetière.

Allons,
Buvons,
Que cette fête
Soit complète !
Et sans répit,
Portons un toast à saint Crédit !

D'ARTAGNAN. Je ne sais pas si c'est parce que ce déjeuner ne m'a coûté qu'une dame de cœur, mais je le trouve délicieux !

PORTHOS. Et le vin excellent !

ARAMIS. C'est la manne dans le désert, mes frères

PORTHOS. Laisse-nous donc tranquille avec ta manne... c'est bien du faisan... et doré.

ATHOS. Savez-vous, Messieurs, que Planchet n'est point un garçon aussi niais qu'on pourrait le croire...

D'ARTAGNAN. Je suis si content de lui, que je vous propose de doubler ses gages...

PORTHOS. Je crois que nous le pouvons... ça ne nous gênera pas davantage... Buvons... buvons...

ARAMIS. Mais nous allons nous griser...

D'ARTAGNAN. Allons donc, mordiou !

Air de l'Herbagère.

Que dis-tu là ? des hommes comme nous
Iraient perdre la tête,
Pour deux flacons ! non, corbleu, buvons tous,
Que rien ne nous arrête...

PORTHOS.

Oui, des enfants dépouillés à jamais
Les trop timides caractères ;
Et bravement agissons désormais
Comme de futurs mousquetaires !

D'ARTAGNAN.

Nous en ferons d'autres, je croi,
Quand nous serons des gens du roi !

ENSEMBLE.

Nous en ferons d'autres, ma foi,
Quand nous serons des gens du roi !

D'ARTAGNAN.

Même air.

En rougissant, ne baissons plus les yeux
Devant ceux d'une femme :
Si, de l'amour, nous ressentons les feux
Avivons-en la flamme ;
Si, dédaignant nos modestes succès,
Il se rencontre des rebelles,
Vite à l'assaut, amis, enlevons-les,

Et, s'il le faut, mourons pour elles...
Nous en ferons d'autres, je croi,
Quand nous serons des gens du roi !

TOUS.

Nous en ferons d'autres, ma foi, etc.

(*Ils boivent; Planchet entre par le fond.*)

SCÈNE VI.

LES MÊMES, PLANCHET.

PLANCHET, *sans les regarder.* Pas de crédit !.. j'en étais sûr... Voici le cervelas... qui représentera trois services.. (*Il les voit.*) Eh bien ! qu'est-ce que je vois donc... ils bouffent... ils s'empiffent...

D'ARTAGNAN. Ah ! Messieurs, voici ce brave Planchet...

ATHOS. Avance donc, Planchet, viens recevoir nos compliments...

PLANCHET, *à part.* Leurs compliments...

ARAMIS. Tu t'entends à merveille à commander un repas...

PORTHOS. Celui-ci est succulent !.. je te ferai mon maître-d'hôtel... quand j'aurai un hôtel !..

D'ARTAGNAN. Le fait est que ce repas est digne d'un cardinal... Dis donc, Planchet... le cabaretier a donc été bon enfant...

PLANCHET. Bon enfant... ah ! oui.. il m'a bien reçu, allez ! quand je lui ai demandé crédit... Aïe... le gredin... si jamais j'y retourne... Le diable m'emporte si je sais d'où vous vient ce déjeuner...

D'ARTAGNAN, *à part.* Que dit-il donc...

ARAMIS. Tu veux dissimuler... très bien, la modestie est l'apanage des grandes âmes.

PORTHOS. Mais pour te récompenser... apprends que nous avons résolu de doubler tes appointements...

PLANCHET. Ah ! vous avez doublé mes... Oh ! mon Dieu... c'était pas la peine... j'aimerais mieux être diminué et toucher quelque chose...

ATHOS. Allons, Messieurs, pour terminer, buvons à la santé de Planchet !

TOUS. A la santé de Planchet. (*Ils boivent, puis quittent la table.*)

PORTHOS. Maintenant, pour finir joyeusement la journée je propose d'aller battre la ville... d'aller battre les passants... d'aller battre le guet...

ATHOS. De tâcher de faire des conquêtes.

ARAMIS. Dans cette toilette, c'est difficile...

PORTHOS. On est toujours beau quand on a bien déjeuné...

D'ARTAGNAN. Oui, mais ces mailles parties à mes bas... qui me les racommodera...

PORTHOS. Parbleu, nous avons justement depuis hier une ravaudeuse qui a établi son tonneau sous nos fenêtres... Planchet, fais-lui signe de monter.

PLANCHET. Vous voulez que j'appelle une ravaudeuse...

ARAMIS. Eh! oui, dépêche-toi donc... (*Planchet se met à la fenêtre.*)

ATHOS. Messieurs, une réflexion... avec quoi paierons nous la revaudeuse...

PORTHOS. Avec quoi... (*Il se fouille.*)

ATHOS. Ne fais donc pas semblant de chercher... tu sais bien que tu ne trouveras rien...

D'ARTAGNAN. Mordioux, Messieurs, c'est une femme, nous l'embrasserons et elle nous fera crédit pour le reste...

PLANCHET. Voici la ravaudeuse.

SCENE VII.

LES PRÉCÉDENTS, PELOTTE.

PELOTTE. C'est y ici qu'on m'a appelée... qu'on a besoin d'une ravaudeuse... me v'là avec mon aiguille, Messieurs...

PLANCHET. Je reconnais cette voix en trompette et ce nez flûté.

PELOTTE, *regardant Planchet.* Ah! voilà un air bête que j'ai déjà vu...

PLANCHET. C'est Pelotte!

PELOTTE. C'est Planchet!

D'ARTAGNAN. Eh! mordioux! je reconnais aussi cette petite... c'est la servante du *Dindon-Éternel.*

PELOTTE. Ah!.. c'est mon embrasseur... et les autres jeunes hommes aussi... Comme on se rencontre! (*Elle leur donne la main.*) Ça me fait plaisir de vous revoir, Messieurs...

PLANCHET. Mais vous, Pelotte... est-ce que vous êtes venue à Paris dans ce tonneau qui est en bas?

PELOTTE. Non... c'est ma boutique... M. Chapon, notre bourgeois, m'ayant flanquée à la porte de son auberge...

PLANCHET. Je gage que vous aviez fêlé quelque chose?

PELOTTE. Oh!.. non... c'est pas pour ça...

D'ARTAGNAN. Il y a donc un autre motif, alors...

PELOTTE. Parce qu'il a trouvé, un soir... un grand sabre... sous mon lit.

ARAMIS. Un sabre... où est le mal...

PELOTTE. C'est que le sabre était dans un fourreau.

PORTHOS. C'est assez l'usage...

PELOTTE. Le fourreau tenait... à un ceinturon...

ATHOS. Cela arrive encore souvent...

PELOTTE. Et le ceinturon tenait... après un arquebusier...

D'ARTAGNAN. Ah!.. allons donc...

PLANCHET. Comment, Pelotte... vous fourrez des arquebusiers sous votre lit... ah!

PELOTTE. C'était pour lui repriser sa veste... bref, le bourgeois m'a donné mon paquet, j'ai fait le mien, et comme on m'a dit que les jolies filles faisaient leur chemin à Paris, j'ai pris le coche et je suis arrivée dans c'te grande ville, où, de fil en aiguille, je me suis faite ravaudeuse!

Air : *Petits oiseaux.*

Vraiment, je ne connais pas
Un métier si plein d'appas!
Tout mon plaisir ici bas
Est de repriser des bas ;
Par mon adresse je brille,
Et ma diligente aiguille,
Chaque jour fait le succès
De nombreux mollets.

Même air.

Je vois près de mon tonneau
Rôder maint godelureau,
Et même des grands seigneurs
Qui viennent m'offrir leurs cœurs.
Quand ils peignent leur martyre,
Je m'empresse de leur dire :
Vos cœurs, c'est très flatteur, mais
J' préfer' vos mollets!

ARAMIS. Elle est vraiment drôlette, cette grosse fille.

ATHOS. Ah! monsieur l'abbé.,. voulez-vous bien ne pas regarder une femme...

PORTHOS. Moi je la trouve à croquer!

PELOTTE. Vous êtes bien honnêtes, mes seigneurs...

D'ARTAGNAN. Seigneur... ah! ma pauvre Pelotte, les seigneurs ne sont pas brillants en ce moment... nous n'avons pas un denier.

PELOTTE. Ça ne fait rien... je vous raccommoderai gratis tout ce que vous voudrez!..

ATHOS. Vraiment!.. tu es une bonne fille, alors je vais profiter de l'occasion...

PORTHOS Moi, de même, j'ai le gras qui se découd.

ARAMIS. Moi, le maigre.

D'ARTAGNAN. Planchet, mets-toi à quatre pattes.

PLANCHET. A quatre pattes?

D'ARTAGNAN. Obéi! et nous, Messieurs, la jambe sur Planchet. (*Planchet se met à quatre pattes, les autres posent chacun une jambe sur Planchet.*) C'est cela... présentez, armes...

PLANCHET. Tiens, v'là Pelotte qui va passer une revue de mollets.

PELOTTE. *enfilant son aiguille.* M'y v'là.... serrez les rangs.

D'ARTAGNAN. Dis donc, tu ne coudras pas les quatre jambes ensemble...

PELOTTE, *reprisant de l'un à l'autre.* N'ayez donc pas peur!

Air : *Polka royale.*

Attention! aujourd'hui,
Grâces à mon appui,
Chaque jambe sera gentille,
Et mon aiguille
En bouchant les trous de vos bas
Rend de l'assurance à vos pas.

ACTE II, SCÈNE VIII.

PORTHOS.
Aïe! quell' blessure...
PELOTTE.
Ce n'est rien.
Vous, Monsieur, tenez vous bien.
D'ARTAGNAN.
Ah! pour le coup tu prends dans la doublure.
PELOTTE.
Vous èt's fièr'ment douillet,
J' n'ai piqué qu'un peu l' mollet,
C'était pour voir à vot' jamb' s'il tenait.
(*Parlé.*) V'là qu'est fait!
TOUS.
Nous pouvons, aujourd'hui,
Grâces à son appui,
Montrer une jambe gentille,
Et son aigu ille
En bouchant les trous de nos bas,
Rend de l'assurance à nos pas.

D'ARTAGNAN. Nous te paierons tout cela un de ces jours, Pelotte...
PLANCHET. Oui, quand on me paiera mes gages... qu'on a doublé!.. (*Il soupire.*) J'en suis presque fâché... parce que ça leur sera plus difficile à acquitter.
ATHOS, *embrassant Pelotte.* Voilà toujours un à-compte.
ARAMIS, *de même.* Je n'ai que ça de monnaie.
PORTHOS, *de même.* Voilà ma grosse pièce...
PELOTTE. Ah! Messieurs... vous êtes trop généreux... (*A part, s'approchant de d'Artagnan et tendant sa joue.*) Eh bien!.. il ne me donne rien... lui!
D'ARTAGNAN. Ah! tiens, ma petite Pelotte... tu serais bien aimable de me raccommoder cette paire de manchettes, emporte-les... tu me les monteras quand ce sera fait.
PELOTTE, *prenant les manchettes.* Oui, Monsieur, volontiers... (*A part.*) Il me paiera tout en gros...
ATHOS. Est-ce que tu ne sors pas avec nous, d'Artagnan?..
D'ARTAGNAN. Non, Messieurs... j'ai une lettre à écrire... je vous rejoindrai...
ARAMIS. A ton aise, je me rends à Notre-Dame.
ATHOS. Moi, je vais au Mail.
PORTHOS. Moi, au cabaret de *la Pomme-de-Pin.*
PLANCHET. Pelotte, je vous reconnais jusqu'à votre tonneau, je visiterai votre intérieur.

ENSEMBLE.
Air des *Fumeurs.*

Le cœur rempli d'espoir,
Partons d'un pas agile,
Allons courir la ville,
Et jusqu'à ce soir
Au revoir.

(*Ils sortent tous excepté d'Artagnan.*)

SCÈNE VIII.

D'ARTAGNAN, *seul.* Allez battre le pavé, mes amis... allez chercher des aventures, moi je reste ici dans l'espoir que ma jeune voisine se mettra à sa fenêtre... je ne l'ai aperçue que deux fois encore... et une minute seulement... mais elle m'a semblé charmante... j'ai cru même reconnaître ses traits... où donc pourrais-je les avoir déjà vus... Oh! si elle était là, cette femme... si je pouvais avoir un tête-à-tête avec elle... il me semble que je me trouverais mal de plaisir... ô l'amour... c'est si joli!..

Air: *Coucou.*

C'est si doux à tout âge,
D'aimer...
HÉLÈNE, *en dehors,*
D'aimer...
D'ARTAGNAN.
Savoir par son langage
Charmer...
HÉLÈNE.
Charmer...
D'ARTAGNAN, *écoute puis reprend.*
Un feu nouveau s'agite
En moi...
HÉLÈNE.
En moi.
D'ARTAGNAN.
Et mon cœur bat plus vite
Pourquoi?
HÉLÈNE.
Pourquoi?

D'ARTAGNAN. Oh! mais c'est singulier... il y a un écho dans cette chambre... et il a une bien jolie voix cet écho-là... recommençons.

Même air.

Ah! mon cœur vient d'entendre
Aussi.
HÉLÈNE.
Aussi.
D'ARTAGNAN.
Une voix douce et tendre
Ici...
HÉLÈNE.
Ici.
D'ARTAGNAN.
Parais, toi que j'implore
Déjà...
HÉLÈNE.
Déjà.
D'ARTAGNAN.
Oui, celle que j'adore
Est là...
HÉLÈNE, *paraissant,*
Est là.

SCENE IX.

D'ARTAGNAN, HÉLÈNE.

D'ARTAGNAN. Que vois-je? est-ce un rêve? une illusion?

HÉLÈNE. Non, monsieur d'Artagnan, c'est bien une réalité, c'est votre voisine... et c'est aussi une des personnes qui, il y a deux mois, dans une auberge près de Cahors, a reçu de vous et de vos amis un signalé service.

D'ARTAGNAN. Ah! je vous reconnais maintenant, Madame, vous étiez dans ce pavillon avec une autre dame.

HÉLÈNE. Oui, ma bienfaitrice, qui, en ce moment, aurait encore bien besoin d'amis sincères, car une lettre d'elle, que je viens de recevoir, m'apprend que de nouveaux dangers la menacent.

D'ARTAGNAN. Eh bien! parlez, Madame... ne suis-je pas là, moi et mes camarades, dont je réponds.

HÉLÈNE. Est-il bien vrai, monsieur d'Artagnan? vous consentiriez à vous dévouer aux intérêts de mon amie, à braver pour elle des périls?

D'ARTAGNAN. Braver des périls!.. oh! mais c'est bien plus gentil alors... Ah! par exemple, je ne mets qu'une condition à mon dévouement...

HÉLÈNE. Et laquelle?

D'ARTAGNAN. C'est que vous me direz votre nom.

HÉLÈNE. Hélène.

D'ARTAGNAN. Hélène! oh! j'adore ce nom là... Ensuite c'est que vous me permettrez de vous aimer?..

HÉLÈNE, *baissant les yeux*. Est-ce que l'on peut jamais défendre ces choses-là...

D'ARTAGNAN. Oh! que vous êtes bonne... et vous m'aimerez aussi un peu...

HÉLÈNE. Ah! vous allez trop vite... Maintenant parlons sérieusement... Vous avez du courage?

D'ARTAGNAN. Je veux être mousquetaire!

HÉLÈNE. Vous ne manquez pas d'adresse?

D'ARTAGNAN. Je suis Gascon.

HÉLÈNE. Écoutez donc... il s'agit de ma protectrice... Avant son mariage, elle avait aimé tendrement un jeune homme, qui est obligé de fuir parce qu'il est accusé, oh! bien à tort, d'avoir conspiré... Ce jeune homme, c'est le comte de Grammont... Malheureusement, étant demoiselle, mon amie avait attiré les regards du premier ministre, furieux de n'avoir pas été écouté... C'est lui qui la maria à un seigneur, laid et ridicule.

D'ARTAGNAN. Ce n'était pas le moyen de faire oublier le comte.

HÉLÈNE. A l'occasion de ce mariage, le cardinal fit don à la marquise d'une bague magnifique. Elle la donna au comte, quand il partit, mais M. de Richelieu s'est aperçu qu'elle ne portait plus son présent; il en a témoigné son mécontentement. Jugez de l'embarras de ma protectrice; heureusement la guerre lui a donné un peu de répit : son éminence est partie pour presser le siège de La Rochelle; mais il a annoncé qu'il ne serait pas plus de dix jours absent, et à son retour...

D'ARTAGNAN. Il est urgent que votre amie ait le précieux joyau, sinon elle est perdue!.. Eh bien! il ne faut pour cela, que courir sur les traces du comte et lui demander la bague.

HÉLÈNE. C'est cela même... Nous savons que le comte n'a pu encore sortir de France; il se tient caché dans les environs de La Rochelle; il a pris le nom de Mergy; mais, peut-être, vous sera-t-il bien difficile de le découvrir.

D'ARTAGNAN. Nous y parviendrons... j'en fais mon affaire...

HÉLÈNE. Alors, donnez-lui aussi cette lettre, où je lui apprends qu'il peut vous remettre la bague... qu'il faudrait vous hâter de rapporter...

D'ARTAGNAN. Ce matin même nous partirons... nous crevons des chevaux... nous sommes dans trois jours à la frontière... nous trouvons M. de Mergy... il me donne la bague... et, avant huit jours, je suis de retour...

Air du Curé de Champ-Aubert.

Pour accomplir cette entreprise,
Rien, ici, ne doit me coûter,
Et quoique ce départ me brise,
Il est un prix que je veux mériter.
Oui, quand je vais risquer mon existence,
Promettez-moi, c'est là mon seul désir,
Un doux regard, une espérance,
Ou bien, hélas! un souvenir.

HÉLÈNE. Oui, mais pour voyager vite, ce qu'il faut, avant tout, c'est de l'argent... et vous n'en avez pas...

D'ARTAGNAN, *avec embarras*. Vous croyez!

HÉLÈNE. J'en suis sûre... Acceptez donc cette bourse, de la part de mon amie... Oh! la refuser serait vous mettre dans l'impossibilité de nous servir... et je ne croirais plus à votre dévouement...

D'ARTAGNAN, *prenant*. Oh! donnez... donnez... alors, je ferai tout ce que vous voudrez...

HÉLÈNE, *à part*. Il est charmant! (*Bruit en dehors.*) On vient... ce sont vos amis... je vous quitte... de la discrétion, de la prudence...

D'ARTAGNAN, *lui baisant la main*. Et de l'amour pour la vie!.. Hélène... oh! le joli nom!..
(*Elle rentre par l'armoire.*)

SCÈNE X.

D'ARTAGNAN, ATHOS, PORTHOS, ARAMIS, PLANCHET, puis **PELOTTE.** *Athos a un renfoncement sur son feutre ; Porthos n'a plus qu'une moitié de son manteau ; Aramis a le bras en écharpe.*

ENSEMBLE.

Air des *Impressions*.

Recevoir cette injure,
De nous que dira-t-on.
Quelle horrible aventure,
Et quel affreux guignon!

D'ARTAGNAN. Et qu'avez-vous donc, mordioux! vous voilà tous dans un bel état!..

ATHOS. En entrant dans le mail, j'ai voulu tancer un lansquenet, qui m'avait envoyé sa boule dans les jambes... Il a refusé de croiser l'épée avec moi, sous prétexte que j'étais trop jeune... Alors je suis tombé sur lui à coups de poing... nous avons boxé...

ARAMIS. Moi, j'ai dégaîné avec un mécréant, qui s'était permis de rire dans l'église... Je lui ai transpercé le bras gauche... et j'ai reçu cette égratignure...

PORTHOS. Moi, j'ai laissé la moitié de mon manteau dans la gueule du chien d'un rôtisseur, qui trouvait mauvais que je flairasse sa marchandise.

PLANCHET. Dites donc, Messieurs, je crois que je ferai bien de rappeler Pelotte pour vous raccommoder...

D'ARTAGNAN. Sans doute,... car vous n'êtes guère en état de voyager.

LES AUTRES. Voyager?..

D'ARTAGNAN. Oui, Messieurs, nous partons à l'instant pour la frontière... nous allons devant La Rochelle.

PORTHOS. Pourquoi faire?

D'ARTAGNAN. Je vous l'expliquerai en route... Qu'il vous suffise de savoir que c'est pour le service d'une grande dame, qui m'a envoyé ceci pour nos frais de voyage... (*Il montre la bourse.*)

TOUS. De l'or!

PLANCHET. On me paiera mes gages...

D'ARTAGNAN. Nous n'avons pas un instant à perdre... chez le premier fripier, nous achèterons des vêtements... Planchet ira nous chercher des chevaux, puis en route...

TOUS. En route!

CHOEUR.

Air : *Pastourelle favorite*.

Allons, mettons-nous en voyage,
Le temps presse, ne tardons pas,
Et la fortune, je le gage,
En tous pays suivra nos pas.

SCENE XI.

LES MÊMES, PELOTTE.

(*Le chant continue.*)

PELOTTE. Mon Dieu! que viens-j' d'entendre... Vous partez...

D'ARTAGNAN. Oui, nous te quittons...

PLANCHET. Adieu, P'lotte, sans plus attendre... D'ici, nous déménageons.

PELOTTE.
Paris commence à me déplaire
Emmenez-moi, je suis vos pas...
Je serai vot' ménagère,
Je soignerai vos habits, vos bas...

D'ARTAGNAN.
Nous cédons à ta prière,
Avec nous, viens sur-le-champ,
Et nous te nommons, ma chère,
Ravaudeuse du régiment!..

REPRISE ENSEMBLE.

Allons, mettons-nous en voyage,
Le temps presse, ne tardons pas,
Et la fortune, je le gage,
En tous pays suivra nos pas.

(*Tous se disposent à partir. Planchet prend les paquets.*)

FIN DU DEUXIEME ACTE.

ACTE TROISIÈME.

L'intérieur d'une pauvre chaumière. A gauche, grande cheminée, puis une porte. La porte du fond qui reste ouverte laisse voir la mer; à droite, un four, une table, puis une huche.

SCENE PREMIERE.

LE COMTE, UN PÊCHEUR.

LE COMTE, *sortant de la pièce à gauche, coiffé d'un grand chapeau ; il va au pêcheur, qui entre par le fond*. Eh bien! brave homme, m'apportez-vous de bonnes nouvelles? puis-je enfin avoir une barque?

LE PÊCHEUR. Ah! dame, Monsieur, c'est bien difficile en ce moment; je ne sommes qu'à deux lieues de La Rochelle, qui est encore au pouvoir des protestants... On se bat toujours là bas, et M. le cardinal a donné des ordres sévères afin que personne ne puisse quitter les côtes de France.

LE COMTE. Mais je ne suis ni un ennemi ni un huguenot; je suis un pauvre proscrit, bien innocent de ce dont on l'accuse...

LE PÊCHEUR. Enfin, mon frère m'a promis de

nous prêter sa barque... dans une heure, elle sera là-bas, dans un petit renfoncement caché par des roseaux... et je vous conduirai à l'île la plus proche...

LE COMTE. Ah! très bien!.. Dans une heure, dites-vous?

LE PÊCHEUR. Oui, Monsieur, oh! pas avant... D'ailleurs, quand elle y sera, je vous avertirai en plantant sur le rivage un de mes filets sur un bâton.

LE COMTE. Merci, mon ami.

LE PÊCHEUR. Je retourne à ma pêche... excusez si je vous laisse seul, Monsieur...

LE COMTE. Oh! ne vous gênez pas, brave homme. J'attendrai chez vous le moment de m'embarquer.

LE PÊCHEUR. Et croyez-moi, ne vous montrez pas trop dehors, car il rôde diablement de soldats dans les environs, on en rencontre à chaque instant...

LE COMTE. Je serai prudent...

LE PÊCHEUR. Au revoir... dans une heure... vous verrez le bâton et le filet.

LE COMTE. C'est entendu. (*Le pêcheur sort de la cabane.*)

SCÈNE II.
LE COMTE, seul.

Je suis heureux d'avoir trouvé un asile dans la demeure de ce pêcheur... Jusqu'à présent, je n'ai point rencontré d'obstacles dans ma fuite... A ceux qui m'arrêtaient et me demandaient qui j'étais, il m'a suffi de montrer cette bague, en leur disant : Envoyé du cardinal!.. Quelle serait la fureur de son éminence, si elle savait que le présent qu'elle a fait à la marquise a servi à me protéger... Maudit cardinal!.. qui ne veut pas que j'aime Ermance!.. tandis que cela était bien égal à cet excellent marquis... Ah! dans mon exil, ma seule consolation est de penser à elle et de regarder ce bijou qu'elle a porté... (*Il regarde la bague, ensuite se promenant au fond.*) Mais, quel est ce voyageur?.. cette tournure... je ne me trompe pas... c'est le marquis... Le marquis dans ce pays!.. que vient-il y faire?.. peut-être est-il chargé d'ordres qui me concernent?.. (*Il retourne regarder.*) Il dirige ses pas vers cette maison... le voici...

SCÈNE III.
LE COMTE, LE MARQUIS.

LE MARQUIS, *en dehors, s'essuyant le front.* J'ai extrêmement chaud... et je suis très las... où me reposer?..

LE COMTE, *à part.* Entrons là... et tâchons de savoir ce qui l'amène en ces lieux... (*Il entre à gauche.*)

LE MARQUIS, *sur la porte.* Ah! cette cabane... Voulez-vous bien me permettre de me reposer un moment ici, braves pêcheurs... (*Il entre.*) Tiens, mais il n'y en a pas du tout de pêcheurs... ils sont en mer sans doute, et ils laissent leur porte ouverte... Il est certain que je ne sais pas trop ce qu'on pourrait voler ici... Ma foi! je vais commencer par m'asseoir... (*Il s'assied.*) J'ai cru faire une belle chose en envoyant en avant mes gens... Je me suis dit, je vais faire, en me promenant, ce chemin de traverse... sur l'herbe... J'ai toujours aimé l'herbe... jusqu'au bouillon aux herbes que j'adore... Mais je crois que je me suis égaré... je dois être égaré, tant pis.... je prendrai un guide-âne!..

SCÈNE IV.
LE MARQUIS, PLANCHET; *il entre dans le fond, portant quatre valises et des sacs de nuit.*

PLANCHET, *à la porte.* Décidément je fais un métier de mulet... d'abord je vais faire comme nos chevaux, qui sont tombés là-bas... Oh là! eh! la maison!.. y a-t-il du foin ici?.. quatre picotins d'avoine, s'il vous plaît!

LE MARQUIS. Qu'est-ce que c'est?.. Je crois que ce drôle me demande de l'avoine?.. il se croit dans une écurie...

PLANCHET. Est-ce que vous ne pouvez pas répondre, vous, là-bas?.. Je vous demande du fourrage...

LE MARQUIS, *se retournant.* Apprenez, drôle, que si j'avais du foin je le garderais pour moi!.. Vous ne savez donc pas que vous avez à faire à un seigneur de la cour de France?

PLANCHET, *jetant ses valises à terre.* Ah! mais... attendez donc!.. voilà que je vous remets à présent, Monseigneur...

LE MARQUIS. Il m'appelle Monseigneur, il m'a reconnu.

PLANCHET. Vous êtes venu loger à l'auberge de mon parrain, près de Cahors, au *Dindon-Eternel.*

LE MARQUIS. Au *Dindon-Eternel*, c'est moi-même.

PLANCHET, *à part.* C'est à lui qu'on a soufflé la poularde. (*Haut.*) Et Monseigneur voyage maintenant dans ce pays?

LE MARQUIS. Ma foi, mon garçon, si je suis ici, c'est bien contre mon gré... Je vais te faire l'honneur de te conter cela, quoique tu ne sois qu'un manant; mais, en voyage, on cause avec le premier venu, ça se fait.

PLANCHET. Monseigneur est bien honnête!

LE MARQUIS. Et puis j'aime beaucoup à causer de mes affaires... je les dis à tout le monde. Je te permets d'approcher.

PLANCHET. Ah! Monseigneur!

LE MARQUIS. Allons donc, puisque je te le permets.

PLANCHET, approchant tout près. Monseigneur!

LE MARQUIS. Pas si près, manant... là, c'est bien. Il faut que tu saches que j'ai une épouse, très jolie femme, dont je suis possesseur intrinsèque. Le premier ministre, qui a la bonté de veiller particulièrement sur mon honneur, ne s'est-il pas figuré qu'un jeune seigneur faisait la cour à ma femme, qu'il en était fort épris, qu'elle répondait à ses feux... enfin...

Air : *On dit que je suis...*

Le cardinal osa me dire
Que de moi chacun devait rire,
Que pour mon épouse en secret
Ce jeune seigneur soupirait!
Bien plus, dans son erreur extrême,
Il prétendit que j'étais même...
Dire le mot n'est pas reçu ;
Mais cela rime avec vaincu.

PLANCHET. Oh! je sais ce que c'est... c'est un mot qui est en usage dans toutes les langues.

LE MARQUIS. Bref, le comte, accusé de conspiration, s'est sauvé ; mais le premier ministre a appris qu'il s'était caché dans ce pays. Alors, il m'a donné l'ordre de m'y rendre et d'y faire arrêter ce pauvre Grammont... Je me serais bien passé de cette faveur... Si les huguenots allaient venir nous attaquer, il faudrait se battre, et je ne puis pas souffrir l'odeur de la poudre, cela me fait tousser.

PLANCHET. Ah! vous êtes envoyé pour commander les patrouilles qui cherchent le jeune homme?

LE MARQUIS. Quand je me serai fait reconnaître. Mais j'arrive, et personne encore, dans ce pays, ne se doute qu'il a l'honneur d'y posséder un personnage de mon importance.

PLANCHET, à part. Je vas conter tout cela à ces Messieurs.

LE MARQUIS, remontant. Je me sens plus dispos. Est-ce que tu ne pourrais pas me servir de guide, toi, lourdeau?

PLANCHET. Moi, Monseigneur, je ne connais pas ce pays plus que vous... d'ailleurs, je suis avec mes maîtres.

LE MARQUIS, allant regarder au fond. Ah! tu as des maîtres?

PLANCHET. J'crois ben... j'en ai quatre... Comme ça, si un me renvoie, je retombe sur les trois autres... Oh! mais, ils ne me renverront pas... ils sont trop gentils pour ça.

LE MARQUIS, à part, regardant dans la campagne. Eh! mais, que vois-je là-bas, à l'ombre d'un groseiller? une jeune fille qui se reprise son bas. Eh! eh! elle a la jambe bien faite... si elle voulait être mon guide... C'est dommage que je sois obligé d'aller donner mes ordres... Au revoir, mon garçon, au revoir.

PLANCHET. Votre serviteur, Monseigneur.

LE MARQUIS, à part. Quel mollet! quel ravissant mollet!... Cette petite me plaît. (*Il sort.*)

PLANCHET, seul, allant au fond. Vieille sauterelle, va, comme il trotte... Tiens, on dirait qu'il va retrouver Pelotte, qui s'est arrêtée pour se reprendre une maille.

SCÈNE V.

LE COMTE, PLANCHET.

LE COMTE, sortant de la chambre sans voir Planchet. J'en sais assez, le marquis vient pour qu'on exécute les ordres du cardinal... Je ne suis plus en sûreté ici.. et je dois... Encore du monde.. je les croyais partis tous deux.

PLANCHET. Oh! mais c'est qu'il trotte comme une souris. (*Apercevant le comte.*) Ah! quelqu'un! Pardon, Monsieur, de la liberté que j'ai prise de... Eh! mais, je ne m'abuse pas... ces traits...

LE COMTE, à part. Comme il me regarde...

PLANCHET. Oui, je vous reconnais, Monsieur... vous, aussi, vous êtes venu chez mon parrain... vous attendiez des dames... vous m'avez donné un gros pour-boire... vous êtes monsieur de Mergy.

LE COMTE. Que dit-il?

PLANCHET. Quel bonheur! celui que nous cherchons avec tant de zèle!.. Ah! nous vous tenons enfin...

LE COMTE. Que signifie?..

PLANCHET. Ça signifie... Oh! vous le saurez bientôt... ne bougez pas d'ici, Monsieur, n'en bougez pas... j'vas chercher mes maîtres... nous allons revenir... Ah! nous le tenons! (*Il sort en courant.*)

LE COMTE, seul. Ils me tiennent, dit-il... Quoi! ses maîtres sont aussi chargés de m'arrêter!... je ne trouverai donc partout que des ennemis... ah! je ne les attendrai pas... il faut fuir, chercher une autre barque. (*Il se prépare à partir.*) Adieu donc, France, et peut-être pour toujours!

SCÈNE VI.

LE COMTE, D'ARTAGNAN, ATHOS, PORTHOS, ARAMIS, PLANCHET.

D'ARTAGNAN, paraissant à la porte d'entrée avec ses amis ; ils barrent le passage au comte. On ne passe pas!

LE COMTE. Laissez-moi, Messieurs, ou sinon...

D'ARTAGNAN. Je vous répète qu'on ne passe pas.

LE COMTE. Quoi, Messieurs, vous osez attenter à ma liberté!... ah! si j'avais une arme.

D'ARTAGNAN. Oh! vous vous méprenez, Monsieur, nous ne sommes pas des ennemis, bien au contraire... c'est pour vous rendre service que nous vous poursuivons... et, Dieu merci, vous nous avez fait courir.

ATHOS. Et crever des chevaux.
ARAMIS. Et maudire des aubergistes.
PORTHOS. Et mal dîner.
LE COMTE. Que voulez-vous dire ?
D'ARTAGNAN. Prenez d'abord cette lettre, elle nous accréditera près de vous.
LE COMTE, *prenant la lettre.* L'écriture d'Hélène, la fidèle amie de la marquise. (*Il parcourt la lettre.*) Il se pourrait !... vous êtes envoyés par elle !... vous l'avez déjà sauvée d'un grand péril ! Oh ! mes jeunes amis, pardonnez-moi mes injustes soupçons.
D'ARTAGNAN. Oh ! monsieur le comte, nous sommes trop heureux de pouvoir vous prouver que nous valons déjà quelque chose... mais veuillez achever la lecture de cette lettre ; on doit vous dire de nous remettre un bijou.
LE COMTE, *lisant.* En effet... cette bague... Elle serait perdue si elle ne l'avait pas au retour du premier ministre. Ce bijou a protégé ma fuite... peut-être il aurait pu me sauver encore, mais il s'agit du salut de celle que j'aime, je ne dois pas balancer... voici la bague. (*Il baise la bague.*)
D'ARTAGNAN. Est-on heureux d'embrasser quelque chose qui vient de sa maîtresse !
ATHOS. Je voudrais bien aussi embrasser quelque chose, moi !
ARAMIS. Et nous n'avons rien !
PORTHOS. Pas même de sucre d'orge !
D'ARTAGNAN. Nous allons retourner à Paris... mais avant de partir nous voudrions vous savoir en sûreté et rapporter deux bonnes nouvelles à la fois...
LE COMTE. Le maître de cette cabane doit me procurer une barque ; avant peu elle sera près du rivage ; mais pourrais-je y arriver... Tenez... voyez là-bas ces soldats qui parcourent la campagne... Ah ! c'est moi qu'ils cherchent, je n'en saurais douter.
D'ARTAGNAN. C'est vrai ; impossible de passer tant que ces soldats seront là...
LE COMTE. Et le marquis vient aussi d'arriver de Paris, il est chargé des ordres les plus sévères.
PLANCHET. Je l'ai vu, moi, Messieurs, ce marquis... il était là tout à l'heure... c'est le monsieur à la poularde.
TOUS. Il se pourrait.
PLANCHET. Il est allé rôder du côté de Pelotte... mais tenez... voilà notre ravaudeuse qui accourt par ici... elle va nous donner de ses nouvelles.

~~~~~~~~~~~~~~~~~~~~~~~~~~~~~~~~~~~~~~~

SCÈNE VII.
LES PRÉCÉDENTS, PELOTTE.

PELOTTE, *accourant essoufflée.*
Air : *Quand on a des mules.*

Ah ! jarni, c'est bien ennuyeux,
Faut-il, parc' qu'on a de beaux yeux,
Que chacun veuill' nous lutiner,
Nous poursuivre, nous chiffonner !
Ah ! oui-dà !
C'est comm' ça,
Mais quand on y viendra
Le galant me l' paiera !
Et pif, et pan, quand à ma personne,
Et pif, et pan, on s'attaquera ;
Ah ! je le jur', je n' s'rai plus si bonne,
Et pif, et paf, on s'en souviendra.

D'ARTAGNAN. A qui en as-tu donc, Pelotte ? quelle colère !..
PELOTTE. Pardi ! j'en ai à un vieux vilain grand seigneur... qui voulait absolument m'embrasser... mais c'est qu'il était d'une témérité... c'est étonnant comme ça s'enflamme un ancien.
PLANCHET. Dame ! naturellement le vieux bois brûle plus vite que le vert.
D'ARTAGNAN. Et où est-il maintenant ce monsieur ?
PELOTTE. Là-bas... il me cherche... je me suis sauvée... il m'a perdue de vue dans un taillis.
PORTHOS. Si nous allions le rosser.
ATHOS. Lui proposer un coup d'épée.
D'ARTAGNAN. Mais non... mais non... il faut au contraire que cette fantaisie du marquis nous serve à sauver M. le comte.
LE COMTE. Comment espérez-vous ?
D'ARTAGNAN. J'ai mon plan... il faut attirer les soldats ici... il faut que vous puissiez rejoindre votre barque sans les rencontrer... Planchet, retourne près de nos chevaux qu'ils soient tout sellés, tout bridés... vous, monsieur le comte, entrez dans cette pièce. (*Il ouvre la porte à gauche.*) Une fenêtre donne sur la campagne... quand les soldats ne pourront plus s'opposer à votre fuite, je vous avertirai... Toi, Pelotte, à la porte de cette chaumière... le marquis s'empressera de venir t'y rejoindre.
PELOTTE. Eh ben ! s'il vient m'y rejoindre il va encore me faire la cour.
D'ARTAGNAN. C'est ce qu'il faut.
PELOTTE. Il va me dire des bêtises.
D'ARTAGNAN. C'est ce qu'il faut.
PELOTTE. Il va vouloir...
D'ARTAGNAN. C'est ce qu'il faut... qu'as-tu à craindre... nous serons là et je réponds de tout...
PELOTTE. Ah ! si vous répondez de tout !
D'ARTAGNAN. Nous, Messieurs, il s'agit de nous cacher... je vais me blottir dans la huche.
ARAMIS. Moi, dans ce four.
ATHOS. Moi, sous cette table.
PORTHOS. Et moi, dans la cheminée.
LE COMTE. Surtout, mes amis, ne vous exposez pas pour moi.
D'ARTAGNAN. Nous exposer... Eh ! mais c'est notre bonheur, c'est notre gloire qui commence. Allons, Messieurs, chacun à son poste et attention au commandement.

ENSEMBLE.

Air du Pré aux clercs.

Ne perdons pas de temps,
Profitons des instants,
En ces lieux cachons-nous,
Nous le surprendrons tous.
Elle se montrera,
Et dès qu'il la verra,
Ici, bien vite il viendra.

(*Le comte rentre à gauche. Planchet sort avec les valises, les quatre jeunes gens se cachent.*)

SCÈNE VIII.

PELOTTE, LES QUATRE JEUNES GENS, *cachés.*

PELOTTE. Ah! il faut que j'attire ici ce vieux séducteur... si ce n'était pas pour obéir à ces messieurs, plus souvent que je ferais de l'œil à ce vieux coucou. (*Elle va contre la porte.*) Je le vois là-bas... il me cherche toujours... mais il ne regarde pas par ici... est-il bête! je ne peux pourtant pas l'appeler.

D'ARTAGNAN, *sortant la tête de la huche.* Chante, il t'entendra...

PELOTTE. Tiens, c'est une idée ça.

PORTHOS, *sortant la tête.* Ah! il n'y a pas de jambon dans la cheminée.

ARAMIS, *montrant sa tête.* On étouffe dans ce four.

ATHOS. J'ai très mal aux genoux.

D'ARTAGNAN. Voulez-vous vous cacher bien vite! (*Ils disparaissent tous.*)

PELOTTE. Je vais lui chanter la chanson de la ravaudeuse.

Air : C'est la faute du guet.

Un beau jeune homm' soupirait
   Pour un' ravaudeuse,
Tant et tant, il la lorgnait
   Qu'elle était honteuse ;
Ell' le voyait sur ses pas,
Elle le voyait d'vant ses bas,
   Ça mettait dans l'embarras,
   Le belle ravaudeuse.

Il a entendu... il cherche...
D'ARTAGNAN. Continue.

PELOTTE.
Même air.

L' jeun' homme lui dit sans détour
   En lui t'nant la taille,
Soyez ma femme, en ce jour,
   Pour moi quell' trouvaille!
Des écus, je n'en ai pas,
Mais vous ravaudez des bas.
   D' not' ménage on n' dira pas
   Gnia ni sou ni maille.

Il m'a vue... il accourt... (*Elle entre dans la chaumière en continuant de chanter.*)

D' notr' ménage on n' dira pas
   Gnia ni sou ni maille.

SCÈNE IX.

LES PRÉCÉDENTS, LE MARQUIS.

LE MARQUIS, *paraissant sur la porte.* C'est elle! c'est bien elle... (*Il chante.*) Tra la la... la la la la la lère !

PELOTTE. Tiens, on chante. (*Elle se retourne.*) Ah! c'est vous, Monsieur.

LE MARQUIS, *entrant.* Oui, délicieuse voyageuse, je t'ai entendue... et comme la syrène tu attires les poissons.

PELOTTE. Bah! est-ce que vous êtes un poisson ?

LE MARQUIS. C'est un façon mythologique de m'exprimer... tu chantais une chansonnette bien spirituelle.

PELOTTE. C'est la chanson de la ravaudeuse... ça me va, je suis ravaudeuse, moi, c'est mon état.

LE MARQUIS. Ah! tu es... c'est une bien agréable profession... si je n'étais pas marquis, je voudrais être ravaudeuse, pour femme... on doit voir de si jolies jambes...

PELOTTE. Pas toujours... on en voit aussi qui sont comme des flûtes...

LE MARQUIS. Hum! ce n'est pas la tienne toujours... Oh! tu auras beau faire... je l'ai vue...

PELOTTE. Voulez-vous vous taire.

LE MARQUIS. Que veux-tu !.. j'adore les belles jambes... c'est ma passion... je me demande pourquoi la nature ne nous a donné que deux jambes.

PELOTTE. Combien donc que vous en voudriez ?..

LE MARQUIS. Je n'en aurais jamais trop pour t'adorer... Et que fais-tu dans ce pays, ravissante ravaudeuse?

PELOTTE, *se rapprochant de la huche.* Ce que je fais ?.. ce que je fais ?..

D'ARTAGNAN, *bas.* Je cherche fortune.

PELOTTE. Dame... je cherche fortune.

LE MARQUIS. Tu cherches fortune ?.. Ne va pas plus loin, alors... tu l'as trouvée !

PELOTTE. Je l'ai trouvée ?.. Où donc ça ?

LE MARQUIS. Regarde-moi !

PELOTTE. Pourquoi faire ?.. je n'y tiens pas.

LE MARQUIS. Regarde-moi toujours... Apprends que je suis un des plus riches seigneurs de la cour de France... et que si tu veux répondre à ma flamme, tes jours seront filés d'or et de soie... je te mettrai dans du coton.

D'ARTAGNAN. Vieux polisson !

LE MARQUIS. Hein... j'ai cru qu'on m'appelait?

PELOTTE. Ah! vous me dites tout ça... Vous voulez m'enjôler; mais, si j'étais assez faible pour vous croire, vous m'abandonneriez bien vite...

LE MARQUIS, *à part.* Elle s'amollit... Allons, chaud, chaud !.. (*Haut.*) Non, ravaudeuse de Cy-

thère et de Paphos... car tu aurais été digne de raccommoder les bas de Cupidon, s'il en avait porté. Moi! te tromper!.. fi donc... D'abord, pour gage de ma flamme, reçois cette épingle... (A part, ôtant une épingle de son jabot.) Elle me vient de mon grand oncle... qui est mort... il ne me la redemandera pas... (Haut.) Prends...
PELOTTE. Mais, Monsieur...
D'ARTAGNAN, bas. Accepte.
PELOTTE. Comment! vous voulez?..
LE MARQUIS. Laisse-moi te l'attacher... (Il lui met l'épingle et lui baise la main.)
PELOTTE. Mais, Monsieur...
D'ARTAGNAN, bas. Laisse-toi faire.
LE MARQUIS. Ce n'est pas tout... ce n'est même pas assez...

Air : *Petit blanc.*

Oui, crois-moi, belle fille,
Je veux faire ton bonheur ;
Ta mine si gentille,
Tes yeux pleins de douceur,
Redoublent mon ardeur.
Prends encore cette bourse,
Mes chiffres y sont tracés ;
Cela sert de ressource,
Mais ce n'est pas assez...
D'ARTAGNAN, bas.
Prends toujours, (bis)
Il doit payer ses amours.

ENSEMBLE.

PELOTTE, à part.
Je prends toujours,
Il doit payer ses amours.
LE MARQUIS.
Pour toujours,
Oui, tu seras mes amours.

PELOTTE. Comment, Monsieur, tant de choses pour moi?.. ça me rend toute confusionnée.
LE MARQUIS. Tu en auras bien d'autres... En revanche, moi, je ne te demande maintenant qu'un tendre baiser.
PELOTTE. Un baiser! par exemple...
D'ARTAGNAN, bas. Laisse-toi faire.
PELOTTE, à part. Ah! mais... ah! mais... c'est que si je laisse toujours faire...

LE MARQUIS.

Même air.

Tu ne saurais, ma chère,
A mes vœux te refuser,
Quand on a tout pour plaire
On doit s'apprivoiser.
PELOTTE.
Oh! oui, mais... un baiser,
Vous me semblez trop tendre...
Ça m'embarrasse, hélas !
LE MARQUIS.
Eh bien ! laisse-le prendre

Et ne le donne pas.
(Il l'embrasse.)
D'ARTAGNAN, bas
Va toujours,
Il nous paiera ses amours.

ENSEMBLE.

PELOTTE.
Quel discours,
Faudrait pas qu' ça dur' toujours.
LE MARQUIS.
Pour toujours,
Oui, tu seras mes amours.

LE MARQUIS. Oh ! je suis au cinquième ciel... mais ce n'est pas assez haut.
PELOTTE. Comment, ce n'est pas assez haut?
LE MARQUIS. C'est à tes genoux que je veux faire le serment de te mettre dans tes meubles.
PELOTTE. A mes genoux... Eh bien ! voyons, mettez-vous-y.
LE MARQUIS. M'y voici, divine... Comment t'appelles-tu?..
PELOTTE. Pelotte.
LE MARQUIS. Décidément, je suis peloté...
LES QUATRE JEUNES GENS, *montrant en même temps leur tête.* Ah! ah! nous vous y prenons, Monsieur...
LE MARQUIS, *à genoux.* Ah! mon Dieu!.. il y a du monde ici... dans la cheminée... sous la table... dans le four... dans la huche... Dans quel pétrin me suis-je fourré!
D'ARTAGNAN, *allant au marquis.* C'est très bien, Monseigneur... Vous nous donnez là de beaux exemples !
ARAMIS. Séduire une jeune fille...
ATHOS. Un homme de votre âge !
PORTHOS. Avec des cheveux pareils !
LE MARQUIS, *à part, se relevant.* Je voudrais être dans un champ d'orties...
D'ARTAGNAN, *bas à Pelotte.* Va rejoindre les soldats... envoie-les ici.
PELOTTE. Tout de suite. (Elle sort.)
LE MARQUIS. Enfin, Messieurs, je ne sais pas de quel droit... de quel droit... ah ça ! mais, attendez donc... c'est vous qui m'avez chipé mon dîner dans une auberge?
LES JEUNES GENS. Nous-mêmes, Monseigneur.
LE MARQUIS. C'est donc le diable qui vous envoie ici ?
D'ARTAGNAN. Ah ! Monseigneur, ce que nous avons fait est une espièglerie de notre âge... mais vous, tenter de séduire une jeune innocente !... lui donner une épingle, une bourse !
LE MARQUIS, *à part.* Fichtre! je suis bien compromis, et s'ils allaient ébruiter cela...
D'ARTAGNAN. Franchement, c'est bien mal... un homme de votre rang, de votre noblesse... car nous vous reconnaissons aussi.

ACTE IV, SCÈNE I.

LE MARQUIS. Vous savez qui je suis. (*A part.*) Je vais être honni, bafoué...

D'ARTAGNAN. Certainement, nous savons bien que nous avons l'honneur de parler au comte de Grammont. (*Les soldats paraissent au fond.*)

LES TROIS AUTRES JEUNES GENS. Salut à monsieur le comte de Grammont!

LE MARQUIS, *à part.* Ils me prennent pour le pauvre comte... Oh! bravo! j'aime bien mieux cela... laissons-les dans leur erreur. (*Les soldats écoutent.*) Eh bien! ma foi, mes amis, puisque vous me connaissez, je ne chercherai pas à le nier, oui, je suis le comte de Grammont.

UN OFFICIER, *s'avançant.* Alors, monsieur le comte de Grammont, au nom du roi et de monseigneur le cardinal, vous êtes mon prisonnier.

TOUS. Prisonnier!

LE MARQUIS. Ah! vous m'arrêtez, Messieurs!... (*A part.*) Après tout, qu'est-ce que cela me fait? quand je serai devant le commandant de la ville, je n'aurai qu'à montrer mes ordres pour me faire reconnaître.

D'ARTAGNAN, *bas à ses amis.* Le tour est joué... allons vite faire évader M. de Grammont. (*Haut, au marquis.*) Monsieur le comte, nous sommes désolés de ce qui vous arrive; nous vous prions de recevoir nos saluts et nos regrets.

LE MARQUIS. C'est bon, c'est bon, allez, Messieurs, je ne vous retiens pas.

TOUS. Salut à monsieur de Grammont!

D'ARTAGNAN, *bas aux autres.* A l'autre, maintenant. (*Les jeunes gens sortent.*)

SCÈNE X.

LES MÊMES, *moins* LES JEUNES GENS.

L'OFFICIER. Monsieur le comte, vous allez nous suivre.

LE MARQUIS. Et où allez-vous me conduire?

L'OFFICIER. A Paris, à la Bastille.

LE MARQUIS, *à part.* Les autres sont partis, je n'ai plus besoin de feindre. (*Haut.*) Messieurs, il est temps de vous tirer d'erreur, je ne suis pas le comte de Grammont.

L'OFFICIER. Vous n'êtes pas... vous-même en êtes convenu tout-à-l'heure.

LE MARQUIS. Tout-à-l'heure, j'avais des raisons pour cela... Je suis le marquis de Francornard, envoyé par le cardinal, et je puis vous le prouver. (*Coups de feu.*) Eh bien! qu'est-ce que cela?... se battrait-on?

UN SOLDAT, *accourant.* Lieutenant, un homme, protégé par quatre jeunes gens et monté sur un bon cheval, vient de gagner le rivage, où il s'est jeté dans une barque... c'est, dit-on, le comte de Grammont.

LE MARQUIS. Ah! maladroit, que je suis! Eh! certainement, que c'est le comte, puisque ce n'est pas moi... J'ai été dupe de ces quatre vauriens... ils s'entendaient pour favoriser la fuite du comte. Il faut courir après eux, il faut les arrêter.

LE SOLDAT. C'est ce qu'on a fait, Monseigneur, mais on n'a pu en arrêter qu'un seul, les autres se sont échappés.

LE MARQUIS. Et où est celui qu'on a pris?

LE SOLDAT. Le voici, Monseigneur. (*On amène d'Artagnan.*)

SCÈNE XI.

LES MÊMES, D'ARTAGNAN.

FINALE.

CHŒUR.

Air : *Gastibelza.*

Il prenait son essor,
Mais on a couru plus vite;
Nous verrons s'il m[...]te
De nous échapper enc[...].

D'ARTAGNAN, *à part.* Malheureux . c'est moi qui suis pris, et c'est moi qui ai la bague.

LE MARQUIS. Ah! celui-là paiera pour les autres... marchons, Messieurs.

REPRISE.

Il prenait son essor, etc.

(*On emmène d'Artagnan; le marquis marche à la tête.*)

FIN DU TROISIÈME ACTE.

ACTE QUATRIÈME.

La cour d'un couvent, un grand mur, au fond; à gauche, les bâtiments du couvent, à droite, le jardin sur le premier plan, un bosquet, une table de pierre.

SCÈNE PREMIÈRE.

LA SUPÉRIEURE, LA TOURIÈRE; *au lever du rideau on entend le son d'une cloche; la tourière sort des bâtiments.*

LA TOURIÈRE. On y va... on y va... Mon Dieu! on n'a pas le temps de dire un *Ave!* (*Elle disparaît à droite.*)

LA SUPÉRIEURE, *sortant du couvent.* Encore quelque voyageur qui nous arrive sans doute... Ce couvent est situé dans une campagne déserte; à une lieue à la ronde, où ne rencontre pas d'habitation... on est bien heureux souvent d'y trouver un abri.

LA TOURIÈRE, *revenant.* Madame, ce sont les

pourvoyeurs du couvent qui apportent les provisions de légumes secs.

LA SUPÉRIEURE. C'est bien... Et ce pèlerin qui avait fini sa huitaine, a-t-il quitté notre sainte maison?

LA TOURIÈRE. Dès le point du jour. Il voulait déjà partir hier au soir, mais je lui ai expliqué que cela était impossible.

LA SUPÉRIEURE. La règle de cette maison le veut ainsi, et, pour qui que ce soit, on ne doit la violer! Tout pèlerin qui reçoit un asile ici, doit y passer huit jours en prières, pour le repos de nos âmes...

LA TOURIÈRE. Huit jours... c'est même bien peu!..

LA SUPÉRIEURE. Surtout à cette époque de perdition, où l'on voit de jeunes impies préférer les plaisirs mondains aux méditations monastiques.

LA TOURIÈRE. Comme cette petite pensionnaire que son éminence nous a envoyée.

LA SUPÉRIEURE. Oui, mademoiselle Hélène, qui depuis son arrivée ne cesse de gémir... (Regardant à gauche.) Tenez, la voilà qui se dirige vers nous,... encore plus triste qu'à l'ordinaire.

SCENE II.

LES MÊMES, HÉLÈNE.

HÉLÈNE, à elle-même. Pas de nouvelles de la marquise... rien... tout le monde m'abandonne...

LA SUPÉRIEURE. Eh bien! ma fille, commencez-vous à devenir raisonnable, à vous plaire avec nous?

HÉLÈNE. M'y plaire... oh! non, Madame, je m'y ennuie beaucoup, au contraire!

LA TOURIÈRE, à part. Quelle impiété!

HÉLÈNE. Pourquoi me retient-on ici?.. Pourquoi m'a-t-on enlevée à tout ce que j'aimais?..

LA SUPÉRIEURE. C'est l'ordre du cardinal.

HÉLÈNE. Vous ne pouvez cependant toujours me garder prisonnière?

LA SUPÉRIEURE. Le cardinal décidera.

HÉLÈNE. Au moins laissez-moi écrire à une personne qui m'est bien chère?..

LA SUPÉRIEURE. Le cardinal le défend.

HÉLÈNE. Toujours cette réponse!

Air : *En vérité, je vous le dis.*

Au lieu de dissiper mon mal,
Quand vous prolongez ma tristesse,
Pourquoi m'opposez-vous sans cesse
La défense du cardinal?
De cette volonté sévère,
En vain vous invoquez l'arrêt,
Le cardinal ne peut sur terre
Défendre ce que Dieu permet.

LA SUPÉRIEURE. Le cardinal peut tout ce qu'il veut, Mademoiselle... il est au-dessus de tout, et je vais, à l'instant même, lui écrire pour l'instruire de votre rébellion... Ma sœur, retournez à votre poste.

LA TOURIÈRE. Oui, ma mère. (*Regardant Hélène.*) Ah! quelle petite possédée de Satan!

LA SUPÉRIEURE. Nous la disciplinerons, ma sœur. (*La supérieure rentre dans les bâtiments, la tourière sort à droite.*)

SCENE III.

HÉLÈNE, seule.

Il n'est donc plus d'espoir, et ma bienfaitrice... c'est parce que lui étais trop dévouée qu'on m'a séparée d'elle!.. et c'est dans deux jours qu'il faut que la marquise ait cette bague... M. d'Artagnan aura-t-il réussi dans son entreprise?.. rapportera-t-il ce bijoux précieux?.. Mais, quand même il l'aurait en sa possession, il ne sait pas à qui il est destiné, il ne connaît que moi... Et comment lui faire savoir qu'on me retient enfermée dans ce couvent?.. Pauvre jeune homme!

Air : *Estelle et Némorin.*

L'âme pleine d'espoir sans doute,
Fier de posséder son trésor,
Il croit, au terme de sa route,
Qu'il va me retrouver encor!
Dans l'intérêt de l'entreprise,
Je voudrais qu'il pût tout savoir :
D'abord, pour sauver la marquise,
Ensuite un peu pour le revoir!

(*On entend sonner la cloche d'entrée.*)

SCENE IV.

HÉLÈNE, LA SUPÉRIEURE, puis LA TOURIÈRE.

LA SUPÉRIEURE, *sortant de la maison.* Qui vient encore troubler le calme de notre retraite?.. (*A Hélène.*) Baissez votre voile, Mademoiselle.

LA TOURIÈRE, *arrivant.* Madame la supérieure, ce sont cinq pèlerins qui demandent asile.

LA SUPÉRIEURE. Cinq pèlerins!.. le Ciel nous illumine de sa grâce!.. Introduisez bien vite ces hommes de Dieu, ma sœur.

HÉLÈNE. Me permettez-vous une promenade dans le jardin, Madame?

LA SUPÉRIEURE. Un promenade de vingt minutes, j'y consens...

HÉLÈNE, à part. Cherchons quelque moyen... Ah! si M. d'Artagnan était ici?.. il nous aurait déjà sauvés tous! (*Elle entre dans le jardin.*)

LA SUPÉRIEURE. Oh! j'aurai les yeux sur cette pensionnaire!.. Mais voici nos pieux visiteurs...

SCENE V.

LA SUPÉRIEURE, LA TOURIÈRE, D'ARTAGNAN, ATHOS, PORTHOS, ARAMIS, PLANCHET; *les jeunes gens et Planchet sont déguisés en pèlerins.*

LES JEUNES GENS.

Air : *Fra Diavolo.* (Prière.)

Dans cet asile
Doux et tranquille,
Du voyageur
Abri protecteur,
Daignez, de grâce,
Accorder place
Aux pèlerins
Egarés en chemin !

ARAMIS.
Pour nos discours sacrés,
ATHOS.
Pour notre foi sincère.
PORTHOS.
Partout, oh ! sainte mère !
Nous fûmes révérés.

D'ARTAGNAN.
Et personne, chez vous,
N'aura, je le parie,
Rencontré, de sa vie,
Pèlerins comme nous.

REPRISE.

Dans cet asile, etc.

LA TOURIÈRE, *les regardant.* Quel air de béatitude !

PLANCHET, *saluant la tourière en faisant des grimaces.* Je vous baise les pieds, ma sœur.

LA SUPÉRIEURE. Soyez les bien-venus, mes frères... Venez-vous de loin ?

PORTHOS, *bas à d'Artagnan.* D'où venons-nous ?

D'ARTAGNAN, *haut.* De la Palestine, ma sœur...

LA SUPÉRIEURE. Ah ! que vous êtes heureux ! vous avez vu la terre sainte !

ATHOS. Comme nous vous voyons.

PORTHOS. J'en ai même rapporté un peu dans ma poche...

LA SUPÉRIEURE. Me ferez-vous la grâce de m'en donner une pincée ?

PORTHOS. Très volontiers, ma sœur... (*Bas aux autres.*) Je lui donnerai du tabac.

ARAMIS. Mais il y a bien loin d'ici... aussi sommes-nous très fatigués...

PLANCHET. Avec ça que nous avons fait tout le chemin à pied... (*Porthos pousse Planchet.*)

LA SUPÉRIEURE. A pied ?.. Je croyais que pour aller en Palestine il fallait traverser la mer ?..

PLANCHET. Oh ! une toute petite mer !

LA SUPÉRIEURE. Ah ! mes frères, nous avions bien besoin de votre présence pour ramener à nous une brebis égarée...

ARAMIS. Une jeune brebis ?
ATHOS. Une belle brebis ?
PORTHOS. Une forte brebis ?
LA SUPÉRIEURE. Dix-huit ans, et jolie comme une madone !

D'ARTAGNAN, *vivement.* Nous allons la confesser...

LA SUPÉRIEURE. Un instant, mes frères, vous devez avoir besoin de réparer vos forces..

PORTHOS. Oh ! oui... je mangerais bien quelque chose.

LA SUPÉRIEURE. On va vous servir sous ce bosquet une collation.

ATHOS. Est-ce qu'en attendant nous ne pourrions pas voir la brebis en question ?..

LA SUPÉRIEURE. Plus tard, mes frères ; la nourriture de l'âme après celle du corps.

D'ARTAGNAN. Alors, hâtez-vous, mordioux !

LA SUPÉRIEURE. Hein ?..

D'ARTAGNAN, *se reprenant.* Je disais que nous avions hâte de vous être agréables, ma mère.

LA SUPÉRIEURE, *à la tourière.* Les saints hommes !.. il leur tarde d'entrer en oraison ! Quel trésor pour le couvent !

ENSEMBLE.

Air : *de M. Petit.*

Mes frères, prenez patience,
Quant à moi, je vais de ce pas,
Procéder avec diligence,
Aux apprêts de votre repas.

D'ARTAGNAN.

Comptez sur notre pieux zèle,
Si vous avez dans ce couvent
Encor quelque brebis rebelle,
Envoyez-nous-la sur-le-champ.

REPRISE.

En nous, ayez donc confiance,
Le Ciel ici guide nos pas,
Et croyez que notre éloquence
En ces lieux ne faiblira pas.

(*La supérieure et la tourière sortent.*)

SCENE VI.

D'ARTAGNAN, ATHOS, PORTHOS, ARAMIS, PLANCHET.

D'ARTAGNAN. Enfin... nous pouvons causer... Ah ! mes amis, c'est à vous que je dois de ne plus être prisonnier du marquis !

PORTHOS. A peine avions-nous fait évader le comte, que nous nous apercevons que tu es pris ; nous rebroussons chemin pour te délivrer... c'est tout simple...

ARAMIS. Le marquis te fait partir pour Paris, sous l'escorte de six hommes... nous attendons son passage dans un chemin écarté...

PORTHOS. Nous fondons comme la foudre sur les gardiens... nous les rossons...
D'ARTAGNAN. Et me voilà libre... Ah! mes amis!.. que ne vous dois-je pas?..
PORTHOS. Que dis-tu là!..

Air : *la Vieille.*

Se peut-il que ton cœur oublie
Les serments que nous avons faits?
C'est le même sort qui nous lie,
Peines, plaisirs, gloire, succès;
Quoi qu'il advienne dans la vie,
Tout est commun entre nous désormais.

LES AUTRES.
Tout est commun entre nous désormais.

PORTHOS.
Hésite-t-on entre amis de notre âge,
Non, il fallait briser ton esclavage,
Pour ranimer alors notre courage,
Nous songions au serment qui nous engage,
Point de péril qui ne soit oublié
Quand on combat pour l'amitié!

TOUS.
Point de péril qui ne soit oublié
Quand on combat pour l'amitié!

ARAMIS. C'est égal, Messieurs, nous avons très bien fait ensuite de prendre ce costume de pèlerin, qu'un saint homme a bien voulu nous céder, cela dépistera ceux qu'on enverra à notre poursuite..
D'ARTAGNAN. Et cela nous a donné entrée dans ce monastère, où nous pourrons nous reposer jusqu'à ce soir... mais pas plus tard, car il faut que nous soyons dans deux jours à Paris pour remettre cette bague, ne l'oublions pas!..
PORTHOS. Nous avons le temps de faire un bon repas; on doit bien dîner ici, on dit que les religieuses sont très friandes!..
PLANCHET. Il n'y a qu'une chose qui me chagrine!.. c'est cette infortunée Pelotte que nous avons perdue en route... Elle s'était arrêtée pour reprendre une maille!.. il y a toujours maille à partir avec elle!..
D'ARTAGNAN. Nous la retrouverons... en tous cas elle nous rejoindra à Paris... Mais, attention... on vient... serait-ce la jeune brebis...
PORTHOS. Non, c'est un ancien mérinos.

SCENE VII.
LES PRÉCÉDENTS, LA TOURIÈRE.
(*La tourière porte un panier et va mettre le couvert sous le bosquet.*)

LA TOURIÈRE. Mes frères, voici votre collation...
PORTHOS. Elle arrive très à propos; voyons, voyons... (*Il va regarder ce qu'on met sur la table.*) Ah! mon Dieu! des noisettes.
ATHOS. Des raisins secs!
ARAMIS. Des figues!
D'ARTAGNAN. Du colifichet... il paraît que les bonnes sœurs nous prennent pour des serins!
PLANCHET. Du jus de réglisse.
PORTHOS. Et de l'eau pure!..
PLANCHET. Nous ferons du coco!
LA TOURIÈRE. Régalez-vous, mes frères! (*Elle sort.*)
ATHOS. En voilà un festin!
PLANCHET. Nous ne nous griserons pas.

D'ARTAGNAN
Air de *l'Écu de six francs.*
Des figues fraîches, des noisettes,
ATHOS.
Des amandes, des raisins secs,
PORTHOS.
J'aimerais mieux des côtelettes,
De la volaille ou des beftecks,
Dieu! que je voudrais des beftecks!
ARAMIS.
Peut-on avoir de l'éloquence
Quand on a mangé de tels mets!
D'ARTAGNAN.
Tout ce que l'on peut faire après,
C'est de prêcher sur l'abstinence.

PORTHOS. Mais c'est affreux!.. dîner avec cela... pas même de confitures, pas de liqueurs... et on dit que les religieuses font très bien des chatteries.
ATHOS. Il n'est pas possible qu'elles ne vivent que de noisettes, il doit y avoir des cachettes où elles mettent leurs friandises.
ARAMIS. Messieurs, si nous allions à la découverte, si nous nous glissions dans le réfectoire...
PLANCHET. Oh! c'est ça... nous tâcherons aussi de trouver la cave, et si nous rencontrons des sœurs converses, nous les convertirons.
D'ARTAGNAN. Allez, moi je reste ici, je ferai le guet.
TOUS. En chasse!

ENSEMBLE.
Air des *Hussards.*
Ne balançons pas davantage,
Il faut, sans perdre un seul instant,
Que nous allions mettre au pillage
Les provisions du couvent.
(*Ils entrent dans le bâtiment, excepté d'Artagnan.*)

SCENE VIII.
D'ARTAGNAN, *puis* HÉLÈNE.

D'ARTAGNAN, *seul.* Pourvu qu'ils ne se laissent pas surprendre... Ah! quant à moi, il me tarde d'être à Paris, de revoir ma charmante protectrice... et de lui demander si elle est contente de moi!..
HÉLÈNE, *sortant des jardins.* Le temps qu'on m'a accordé est expiré... il faut rentrer... Ah! un pèlerin...
D'ARTAGNAN. Quelqu'un... grand Dieu!

ACTE IV, SCÈNE IX.

HÉLÈNE. M. D'Artagnan.
D'ARTAGNAN. Madame Hélène.

Air : *Lutin de la prairie.*

Quoi ! c'est vous que je revois.
Ah ! quel bonheur ! ah ! quelle ivresse !
C'est votre main que je presse.

ENSEMBLE.

HÉLÈNE.
Je ne crains plus rien cette fois.
D'ARTAGNAN.
Ah ! j'en deviendrai fou, je crois.
HÉLÈNE.
Mais, quel hasard, quel mystère ?
D'ARTAGNAN.
Vous, dans ce lieu solitaire !
Quel bonheur !
HÉLÈNE.
Merci, mon Dieu,
Vous avez entendu mon vœu.

REPRISE.

Quoi ! c'est vous que je revois, etc.

D'ARTAGNAN. Vous... dans ce couvent... à trente lieues de Paris.
HÉLÈNE. Mais vous... ce costume de pèlerin ?
D'ARTAGNAN. Nous avons dû le prendre avec mes amis, pour échapper à ceux qui nous poursuivaient... je vous expliquerai cela... plus tard.
HÉLÈNE. Avant tout, mettez un terme à mon impatience... avez-vous réussi dans votre entreprise... et cette bague ?
D'ARTAGNAN. La voici, Mademoiselle, M. de Grammont me l'a remise.
HÉLÈNE. C'est elle !.. c'est bien elle ! ah ! je savais bien, moi, que rien ne lui était impossible et qu'il sauverait la marquise !..
D'ARTAGNAN, *lui présentant la bague.* Prenez ce bijou, Mademoiselle... qui est si impatiemment attendu...
HÉLÈNE. Non... non... gardez-le au contraire... je vous dirai à qui vous devez le porter... car je suis prisonnière en ces lieux...
D'ARTAGNAN, *après avoir remis la bague dans sa poche.* Prisonnière ! et qui ose vous y retenir ?..
HÉLÈNE. Le cardinal de Richelieu... il m'a séparée de la marquise et fait conduire dans ce cloître dont il est impossible de forcer les grilles !..
D'ARTAGNAN. Impossible !.. oh ! je vous réponds bien, moi, que je vous arracherai de ces lieux...
HÉLÈNE. Y songez-vous ! lutter avec le cardinal !..
D'ARTAGNAN. Pour vous délivrer je lutterais avec le diable !
HÉLÈNE. Aussi brave que généreux !..
D'ARTAGNAN. Oui, je fais ici le serment de vous enlever de ce couvent, et vous savez si je tiens ma parole ?

Air : *Démon de la nuit.*

Quand vous m'avez dit : « Partez vite ;
« Pour conjurer un grand malheur
« Et toucher à la réussite,
« Il faut de la tête et du cœur, »
J'ai fui votre présence chère,
Et sur mon sein, en revenant,
Brille la bague tutélaire.
Ai-je bien tenu mon serment ?

HÉLÈNE.

Même air.

Oui, chevalier plein de vaillance,
Vous avez tout risqué pour nous.
D'ARTAGNAN.
N'avais-je pas pour récompense,
A mon retour, un prix bien doux ?
Ce prix, cette faveur suprême,
Vous en souvient-il à présent ?
HÉLÈNE, *baissant les yeux.*
C'est un baiser.
D'ARTAGNAN.
C'est cela même.
HÉLÈNE, *tendant la joue, que d'Artagnan embrasse.*
Ai-je bien tenu mon serment ?

D'ARTAGNAN. Ah ! mordioux, ce baiser me ferait renverser des murailles.
HÉLÈNE. Pas d'imprudence, monsieur d'Artagnan... croyez-moi, partez vite pour Paris, courez remettre cette bague à la marquise... il faut qu'elle l'ait avant trois jours.
D'ARTAGNAN. Non, non... oh ! nous partirons ensemble.
HÉLÈNE. Encore une fois, comment espérez-vous ?...
D'ARTAGNAN. Je n'en sais rien, mais, avec une volonté de fer et des amis dévoués...
HÉLÈNE. Quoi ! vos amis sont ici ?
D'ARTAGNAN. Ils sont aux provisions... tenez, je les entends.

SCÈNE IX.

LES PRÉCÉDENTS, PORTHOS, ATHOS, ARAMIS, PLANCHET.

(*L'un tient un pot de confiture, l'autre un pot de beurre, l'autre un bocal de cornichons, l'autre des gimblettes.*)

ENSEMBLE.

Air : *Finale, Tambour-Major.*

Ah ! la bonne chasse vraiment !
Friandises
Exquises
Plein nos poches, c'est ravissant.
Oui, c'est le dessert du couvent !

ATHOS.
J'ai du beurre.

ARAMIS.
Nous goûterons
Ce raisiné,

PORTHOS.
Ces confitures,
Des gimblettes, des macarons.

PLANCHET.
Moi, j'ai trouvé les cornichons.

REPRISE.

Ah! la bonne chasse, vraiment, etc.

PORTHOS. Avec tout cela, nous ne ferons pas un fameux repas... j'aurais mieux aimé un gigot.

D'ARTAGNAN. Eh! Messieurs, il s'agit bien de penser aux repas, quand nous avons une dame à sauver.

TOUS, *apercevant Hélène.* Une dame!

ATHOS. Oh! qu'elle est jolie!

ARAMIS. Serait-ce la brebis en question?

D'ARTAGNAN. Mes amis, saluez la charmante inconnue pour laquelle nous avons entrepris ce voyage.

HÉLÈNE. Et qui est bien heureuse de vous trouver ici pour vous exprimer sa reconnaissance.

D'ARTAGNAN. Vous nous remercierez quand nous vous aurons rendu la liberté.

ATHOS. Comment? est-ce que Mademoiselle...

D'ARTAGNAN. Est retenue ici par ordre du cardinal; mais nous la délivrerons, n'est-il pas vrai?

PORTHOS. Nous le jurons.

HÉLÈNE. Par quel moyen?

PORTHOS. Nous n'en savons rien, mais c'est égal.

TOUS. Nous le jurons.

D'ARTAGNAN. Ah! attendez... si on pouvait... oui, c'est cela. Nous avons tous des robes de pèlerins... en prenant un de nos costumes... nous attendons la nuit, nous quittons le couvent, vous partez avec nous.

PLANCHET. Ah! oui, mais celui qui aura donné son costume, il faudra donc qu'il reste?

ATHOS. Le grand malheur... ce sera toi.

PLANCHET. Comment, moi?

TOUS. Oui, oui, c'est convenu.

PLANCHET. Ah! permettez, Messieurs, pour qu'on me découvre ensuite et que les religieuses m'administrent des corrections, merci.

D'ARTAGNAN. Point de réflexions, tu donneras ta robe, ou nous supprimons tes gages.

HÉLÈNE. Mais, lors même que je pourrais me déguiser, le soir on m'enferme dans ma cellule, dont voilà la fenêtre... comment en sortir?

D'ARTAGNAN. La fenêtre n'a point de barreaux, ce n'est qu'au premier, vous sortirez par là... nous vous ferons la courte échelle, nous monterons sur Planchet.

PLANCHET. Bon, encore moi! v'là que je fais le marchepied, à présent.

D'ARTAGNAN. Ce soir, à neuf heures.

PORTHOS. Voici la supérieure... attention! (*Ils s'éloignent d'Hélène.*)

SCENE X.

LES PRÉCÉDENTS, LA SUPÉRIEURE.

LA SUPÉRIEURE. Ah! Mademoiselle est avec vous, mes frères; tant mieux. Lui auriez-vous déjà inculqué le sentiment du respect qu'elle nous doit?

D'ARTAGNAN. Oui, ma sœur. et nous avons trouvé cette jeune novice très docile à nos leçons.

PORTHOS. Et ne demandant pas mieux que de suivre nos conseils.

LA SUPÉRIEURE. Dieu soit béni, vous me béatifiez. Mais, prenez donc votre repas, mes frères. (*On sonne violemment.*) Encore quelqu'un du dehors. Qui peut nous arriver si tard?

PORTHOS. Allons, mangeons nos noisettes, faute de mieux, et tâchons qu'elle ne voie pas les confitures. (*Ils se mettent à table tous cinq.*)

LA TOURIÈRE, *accourant.* Madame la supérieure, c'est un grand seigneur envoyé par son Eminence. Il veut vous parler sur-le-champ... il s'agit de madame Hélène.

HÉLÈNE. De moi!

LA SUPÉRIEURE. Et le nom de ce seigneur.

LA TOURIÈRE. Le voici lui-même.

SCENE XI.

LES PRÉCÉDENTS, LE MARQUIS, DEUX VALETS.

HÉLÈNE, *à part.* Le marquis!

D'ARTAGNAN, *bas aux autres.* Monsieur de Francornard... cachons-nous bien dans nos robes et enfonçons nos chapeaux sur nos yeux.

LE MARQUIS, *saluant.* Madame la supérieure, recevez les salutations du marquis de Francornard. Eh! voilà justement cette chère Hélène!... c'est pour vous, petite, que je viens ici.

HÉLÈNE. Pour moi, monsieur le marquis.

D'ARTAGNAN. Ecoutons.

LE MARQUIS. Sans doute. Pressée encore dernièrement par moi de se parer de la bague qu'elle tient de la munificence du cardinal, madame la marquise m'a avoué, Mademoiselle, qu'elle vous avait confié ce bijou.

HÉLÈNE. Il est vrai, il y avait une pierre de détachée; la bague est à Paris.

LE MARQUIS. C'est pour que vous la remettiez à madame la marquise que le premier ministre a consenti à vous rendre la liberté. En voici l'ordre qui m'a été expédié. (*Il le donne à la supérieure.*)

HÉLÈNE. Je suis libre!

LA SUPÉRIEURE. C'est signé du cardinal. Monsieur

le marquis, vous pouvez emmener Mademoiselle.

LE MARQUIS. Eh bien! mon enfant, allez faire vos apprêts... Donnez-vous le temps, je ne serai pas fâché de me reposer un peu et de prendre quelque chose. Je suis harassé et je meurs de besoin.

LA SUPÉRIEURE. Si monsieur le marquis veut partager le repas de ces pieux pèlerins...

LE MARQUIS. Ah! des pèlerins... je n'avais pas eu l'honneur de les voir. (Ils se saluent.) Mes frères, certainement, je serai flatté... (Il regarde la table.) Mais il me semble un peu maigre, votre festin... Pour des pèlerins, je conçois que cela s'appelle un repas, mais moi j'aime peu les fruits secs et l'eau pure.

LA SUPÉRIEURE. C'est ce que nous avons de mieux à vous offrir ici.

LE MARQUIS. Oh! je suis en mesure de bien garnir une table... Depuis certaine aventure qui m'est arrivée près de Cahors, une poularde qu'on m'a soufflée, je ne m'embarque plus sans biscuits. (Aux valets.) Lapierre, Jean, retournez à mon carrosse, apportez ici un pâté, une volaille et quelques flacons de vin. Vous permettez, ma mère?

LA SUPÉRIEURE. Oui, monsieur le marquis, à condition que toutes ces choses prohibées n'entreront pas dans l'intérieur de cette sainte maison.

LE MARQUIS. Qu'à cela ne tienne... je mangerai ici avec ces bons pèlerins; ils me feront bien une petite place à leur table.

PORTHOS. Très volontiers. (A part.) Nous ferons mieux que ça.

LA SUPÉRIEURE, à *Hélène*. Venez faire vos dispositions, ma fille, pour être prête à partir. (*La supérieure rentre avec Hélène, qui regarde les jeunes gens.*)

SCÈNE XII.

D'ARTAGNAN, ATHOS, PORTHOS, ARAMIS, LE MARQUIS, PLANCHET.

Les valets apportent les provisions et les bouteilles.)

LE MARQUIS. Ah! très bien, mettez tout cela sur cette table. Vous permettez, respectables pèlerins, cela ne vous offense pas?

D'ARTAGNAN. Oh! nullement... au contraire.

PORTHOS. Quel fumet! quelle mine!

ATHOS. Asseyez-vous donc, mon frère.

ARAMIS. Nous sommes bien honorés de votre compagnie.

LE MARQUIS. Ils sont très bien élevés, ces pèlerins. (*Il se place à table.*) Figurez-vous, mes frères, que j'ai besoin de me refaire, parce que j'ai couru depuis ce matin après cinq mauvais garnements qui m'ont joué un tour pendable.

D'ARTAGNAN, *prenant du pâté, ainsi que les autres*. Ah! vraiment... et les avez-vous attrapés?

LE MARQUIS. Mais non, ce sont eux qui m'ont attrapé. Tiens, vous mangez du pâté, mes frères?

PORTHOS, *la bouche pleine*. Oui, nous le goûtons.

ARAMIS. C'est pour nous mortifier.

D'ARTAGNAN. Nous avons fait vœu de manger de tout ce qu'on servirait sur notre table.

PLANCHET. Ce serait des cailloux, que nous en mangerions.

LE MARQUIS. Ah bah! vraiment?

PORTHOS. Mais je préfère ceci aux cailloux.

LE MARQUIS, *à part*. Ah ça! mais ces bons pèlerins dévorent tout mon pâté, il n'y en a plus pour moi...

D'ARTAGNAN. Prenez donc des figues, mon frère.

LE MARQUIS. Merci, merci, j'aime mieux de la volaille... si vous voulez me la passer.

PORTHOS. Ah! permettez, je veux avoir l'honneur de la découper. (*Il découpe.*)

LE MARQUIS. Venez-vous de loin, mes frères?

D'ARTAGNAN. De la Mecque, et nous avions fait le vœu de faire continuellement en marchant deux pas en avant et quatre en arrière.

LE MARQUIS. Ah! vous alliez deux pas en avant et quatre... Palsambleu, mais je me demande alors comment vous avez fait pour arriver... ceci me paraît très fort.

D'ARTAGNAN. Pas du tout, nous marchions à reculons. (*Porthos a servi tout le monde; il donne au marquis un morceau de carcasse.*)

LE MARQUIS. Ah! très bien, je comprends à présent, j'y suis... c'est égal, ça doit donner un torticolis, de toujours voir derrière soi... et... (*Il regarde son assiette.*) De la carcasse! il ne me reste qu'un morceau de carcasse!... Ah ça! mais ce sont des ogres que ces pèlerins.

PORTHOS. A boire!

TOUS. A boire! (*Ils se versent du vin.*)

LE MARQUIS. Et ils boivent mon vin... voilà de drôles d'anachorètes.

ENSEMBLE.

Air : *La belle aux cheveux d'or.*

LES JEUNES GENS.

Ah! ce vin
Est divin,
Buvons
Et trinquons, } (*bis*)
Vidons les flacons, (*bis*)
Il faut faire honneur
A Monseigneur.

LE MARQUIS, *tendant son verre*.

Donnez-moi, par bonté,
De ce vin délectable.

PORTHOS.

Ah! c'est trop juste, en vérité,
Vous l'avez mérité.

LE MARQUIS, *à part*.

Ah! l'on sera bien dû,
J'en jure par le diable.

Si l'on me reprend à table
Avec un pèlerin.
REPRISE.
Ah! ce vin, etc.

SCENE XIII.

Les précédents, HÉLÈNE, LA SUPÉRIEURE, LA TOURIÈRE, sœurs.

LA SUPÉRIEURE. Monsieur le marquis, voici mademoiselle Hélène qui est prête à vous suivre.

LE MARQUIS, se levant de table. Très volontiers, car pour faire un repas comme celui-ci, j'aime autant m'en aller.

D'ARTAGNAN, se levant avec ses compagnons. Ma sœur, nous allons aussi prendre congé de vous, moi et mes frères, en vous remerciant de votre hospitalité.

LA SUPÉRIEURE. Prendre congé de nous! mais vous ne pouvez partir que dans huit jours... La règle de ce monastère est formelle, vous allez entrer en retraite et en oraisons.

LES JEUNES GENS. Ah! mon Dieu!

HÉLÈNE, à part. Et je n'ai pas pris la bague!

PORTHOS. Entrer en oraisons pour huit jours!

PLANCHET. Nous aurons le temps d'en manger, des noisettes!

D'ARTAGNAN. Mais, ma sœur, nous ignorions cet usage, et nous ne pouvons pas...

LA SUPÉRIEURE. Vous deviez le savoir. Au reste, il faut vous y conformer.

LE MARQUIS. Oui, oui, oh! c'est la règle, je la connais, moi. D'ailleurs, il me semble qu'à présent vous pouvez bien jeûner quelque temps... vous avez de l'avance. Partons, Mademoiselle.

HÉLÈNE, à part, donnant la main au marquis. Ah! la marquise est perdue!

D'ARTAGNAN, aux autres. Elle s'éloigne, et j'ai encore la bague.

PLANCHET, bas. C'est fait de nous.

D'ARTAGNAN, même jeu. Pas encore. Nous sortirons d'ici, dussions-nous mettre le feu au couvent.

LA SUPÉRIEURE. Priez pour nous, mes frères.

(Toutes les religieuses se mettent à genoux devant les pèlerins, tandis que le marquis emmène Hélène, qui fait des signes à d'Artagnan.)

CHŒUR.

Air : *Fille du ciel.*

Bons pèlerins, que le Seigneur enflamme,
Pour éloigner l'esprit malin de nous,
En cet instant implorez pour notre âme,
Vous nous voyez toutes à vos genoux.

FIN DU QUATRIÈME ACTE.

ACTE CINQUIÈME.

Un salon riche chez le marquis; porte au fond, portes latérales.

SCENE PREMIÈRE.

LA MARQUISE, HÉLÈNE.

LA MARQUISE, à Hélène qui entre par le fond. Eh bien! Hélène?

HÉLÈNE. Rien encore, Madame!

LA MARQUISE. Comment, aucune nouvelle?

HÉLÈNE. Aucune... Je viens de chez M. d'Artagnan et l'on m'a dit que ni lui, ni ses amis n'avaient reparu...

LA MARQUISE. Ils auront été contraints à rester huit jours dans ce couvent où tu m'as dit les avoir laissés...

HÉLÈNE. Pauvres jeunes gens! quelle pénitence!..

LA MARQUISE. Et c'est dans deux heures que le marquis va venir me chercher pour me conduire chez le cardinal... si je n'ai pas cette bague, juge de la colère de son éminence et de celle de M. de Francornard, qui ne peut manquer de tout découvrir... je serai perdue!..

HÉLÈNE. Reprenez courage, Madame, il nous reste deux heures, et c'est plus qu'il n'en faut à ces braves jeunes gens pour accomplir leur entreprise.

Air de la *Manola.*

Ne perdez pas toute espérance,
En eux, toujours j'ai confiance ?
Je vous réponds de leur constance,
   Ils ont du cœur
   Et de l'honneur.
Pendant une semaine entière,
Eux, languir dans un monastère!
Non... non... à cette règle austère,
Ils sauront galment se soustraire.
   Avec adresse,
   Trompant l'abbesse,
   Leur gentillesse
   Les aidera;
   Dans sa clémence,
   La Providence
Pour vous sauver, nous les ramènera.

LA MARQUISE. Généreux enfants!.. s'exposer ainsi pour moi qu'ils ne connaissent pas...

HÉLÈNE, baissant les yeux. Ah! c'est qu'il y en a un qui me connaît...

ACTE V, SCENE II.

LA MARQUISE. Je devine... c'est à toi qu'ils ont rendu service... n'importe ! je ne pourrai jamais assez leur prouver ma reconnaissance.

HÉLÈNE. Vous avez déjà commencé en leur faisant obtenir ce qu'ils désiraient avec tant d'ardeur... quelle sera leur joie, leur surprise, quand ils vont trouver, à leur retour, ces brevets et ces brillants uniformes que vous avez fait porter chez eux...

LA MARQUISE, *se promenant agitée sans l'entendre.*) Encore dix minutes d'écoulées !.. et personne !..

HÉLÈNE. On vient...

UN DOMESTIQUE, *entrant.* M. le marquis fait demander si Madame veut bien le recevoir.

LA MARQUISE. Eh quoi !.. déjà... (*Au valet.*) Dites à M. le marquis que je... termine ma toilette... (*Le domestique sort.*)

HÉLÈNE. Tâchez de gagner du temps... moi je cours une dernière fois au logis de nos sauveurs. Qui sait? il seront revenus peut-être !..

LA MARQUISE. Va, ma bonne Hélène !.. je n'ai plus d'espoir qu'en toi.

ENSEMBLE.
HÉLÈNE.
Air : *Au revoir donc, ma sœur.* (Blagueurs.)
Chassez de votre cœur
Cet effroi qui le glace ;
Du péril qui menace
Il sortira vainqueur !
    Point de peur !
Que l'espoir la remplace,
Souvent un peu d'audace
Nous conduit au bonheur !

LA MARQUISE.
Je sens naître en mon cœur
Un effroi qui le glace ;
Du péril qui menace
Je vois la profondeur !
    Point de peur !
Que l'espoir la remplace,
Souvent un peu d'audace
Nous conduit au bonheur !

(*Hélène sort par une porte latérale ; le marquis entre par le fond.*)

SCENE II.
LA MARQUISE, LE MARQUIS.

LE MARQUIS. Comment, Marquise, votre toilette n'est pas encore terminée ?

LA MARQUISE. Non, Monsieur... quelques fleurs à ajouter à ma coiffure...

LE MARQUIS. En vérité, vos filles sont d'une lenteur... elles ne savent donc pas que le cardinal va nous faire prendre dans son carrosse à quatre ou à six chevaux... un attelage magnifique...

LA MARQUISE. Ah !...

LE MARQUIS. Oui, Madame... dans son propre carrosse avec ses propres étalons... Cela vous étonne ? moi de même... je suis ébaubi, étouffé sous les bonnes grâces de son éminence... depuis notre mariage, M. de Richelieu est d'une gentillesse à mon égard... il a commencé par me faire son grand écuyer et il m'a bien promis de me faire autre chose plus tard.

LA MARQUISE, *à part.* Hélène ne revient pas !

LE MARQUIS. Enfin, vous avez vu vous-même qu'il ne me refusait rien... témoins ces quatre brevets de mousquetaires que vous m'aviez prié de solliciter pour je ne sais qui...

LA MARQUISE. Et ce placet que je vous avais chargé de remettre à la reine...

LE MARQUIS. Il lui a été donné à son jeu... j'ignore aussi ce qu'il contenait, mais ce sont vos secrets, Marquise, et je respecte votre diplomatie... Tout ce que je demande, c'est de vous présenter au cardinal la main ornée de cette bague dont il vous a fait présent... car il m'a dit, ce matin, en me fixant l'heure de la réception : « Monsieur de « Francornard, dites à madame la marquise que je « verrais avec plaisir qu'elle se parât du bijou que « j'ai eu l'honneur de lui offrir. » Et il m'a témoigné ce désir d'un air qui équivalait à un ordre...

LA MARQUISE, *à part.* Il est implacable !

LE MARQUIS, *regardant la main de la Marquise.* Mais, comment ?.. vous n'avez pas encore cette bague ?

LA MARQUISE, *embarrassée.* Non... Monsieur... elle est chez le joailler... Hélène ne tardera pas à me l'apporter...

LE MARQUIS. Qu'elle n'aille pas y manquer... sans cela, nous serions disgrâciés... allez bien vite finir votre toilette, Marquise, il ne vous reste qu'une heure...

LA MARQUISE, *à part.* Une heure ! C'en est fait... ils arriveront trop tard !

LE MARQUIS.

Air : *Sa majesté.*

Le cardinal nous attend,
Finissez votre toilette,
Faites tout, en ce moment,
Pour qu'elle soit coquette !

ENSEMBLE.
LA MARQUISE.
Le cardinal nous attend,
Combien j'ai l'âme inquiète !
Il nous faut, bientôt pourtant
Conjurer la tempête.
LE MARQUIS.
Le cardinal nous attend,
Etc., etc.

(*La Marquise entre à droite.*)

SCENE III.

LE MARQUIS, *seul.* Je vais être au comble de la faveur... c'est-à-dire que je suis sur le point de devenir extrêmement puissant ; si je ne craignais pas de friper mon costume, je me permettrais une légère pirouette... Ah! bah! je me la permets... d'ailleurs ça se fait à la cour, on y pirouette beaucoup... (*Il fait une pirouette et s'arrête au milieu.*)
UN DOMESTIQUE, *entrant.* Monsieur le Marquis, il y a là une bouquetière qui demande à vous parer...
LE MARQUIS. Une bouquetière!.. je n'ai rien à démêler avec une semblable espèce... Dis-moi, est-elle jolie cette vilaine?
LE DOMESTIQUE. Charmante, Monseigneur.
Alors introduis-la... (*Le domestique sort.*) Puisqu'elle est gentille je vais faire présent d'un bouquet à la Marquise... cela fera plaisir au cardinal.

SCENE IV.
LE MARQUIS, PELOTTE.

PELOTTE, *à la cantonade.* Vous dites qu'il est là M. le Marquis?.. c'est bien... merci...
LE MARQUIS. Tiens!.. cet organe sort d'un larynx qui ne m'est pas étranger...
PELOTTE, *saluant.* Monsieur le Marquis, j'ai bien l'honneur...
LE MARQUIS, *la reconnaissant.* Ah!.. mon petit mollet des environs de La Rochelle !
PELOTTE. Moi-même, Monseigneur.
LE MARQUIS. Comment! c'est toi, petite!.. toujours aussi fraîche! aussi rondelette! (*Il lui prend la taille.*)
PELOTTE. Et vous, toujours aussi folichon !
LE MARQUIS. Que veux-tu? c'est du salpêtre qui coule dans mes vertèbres... j'ai un tempérament vitriolique...
PELOTTE. Il faut prendre des bains froids, ça vous calmera.
LE MARQUIS. Eh! eh!... toujours malicieuse... Ah ça! mais je te croyais ravaudeuse...
PELOTTE. Sans doute... Eh bien ?
LE MARQUIS. Eh bien ! ces bouquets...
PELOTTE. Ah! c'est vrai... j'ai changé d'état ; le métier de ravaudeuse n'allait plus... les mailles étaient d'une fidélité ridicule... on ne trouvait plus de bas percés à Paris.
LE MARQUIS. Plus de bas percés!.. quelle gloire pour les bonnetiers !
PELOTTE. Je me suis faite bouquetière...

Air du *Chasseur écossais*. (Laitière de la forêt.)

Oui, maintenant, moi, je suis bouquetière,
C'est un état qui va bien en tout temps.
Il faut me voir lorsque ma voix légère,
De tous côtés fait venir les chalands.
Partout sur mon passage
Chacun me rend hommage,
Belles fleurs, bon visage,
J'en ai pour tous les goûts.
Je donne à nos coquettes,
Des lys, des pâquerettes,
Des roses aux fillettes,
Des soucis aux époux.

LE MARQUIS. Elle m'embrase!.. Mais, j'y pense, qui me procure l'agrément de te revoir ?
PELOTTE. Dame!.. vous m'avez dit que je n'avais qu'à dire un mot, que vous feriez ma fortune, que vous me mettriez dans du coton...
LE MARQUIS. Pas ici... pas ici... dans ma petite maison, à la bonne heure!.. je te mettrai dans ce que tu voudras... Mais, dans mon hôtel, à la face de mon épouse!.. je peux te mettre à la porte, et voilà tout.
PELOTTE. Vous ne saisissez pas...
LE MARQUIS. D'ailleurs, vos quatre petits sacripans de protecteurs n'auraient qu'à deviner mes intentions.
PELOTTE. Je vous répète que vous vous induisez... Quand vous m'avez parlé de fortune, je croyais que vous ne pensiez pas à la malice... à preuve, que je venais vous demander une place pour mon futur...
LE MARQUIS. Ton futur!.. tu as un futur?..
PELOTTE. Oui, et je désirais qu'il entrât dans les livrées de Monseigneur...
LE MARQUIS. Ah! tu veux qu'il porte mes livrées... sois tranquille, je lui en ferai porter... (*A part.*) C'est un prétexte pour se rapprocher de moi, elle est futée comme une fouine !
PELOTTE. Faut-il introduire mon futur, Monseigneur?.. il est là... Mais vous le connaissez... vous l'avez déjà rencontré chez un pêcheur, près de La Rochelle.
LE MARQUIS. Ah! oui... il était au service de tes quatre mauvais sujets...
PELOTTE. C'est cela même.
LE MARQUIS. Introduis-le *in petto.*
PELOTTE, *appelant en dehors.* Planchet! Planchet!
LE MARQUIS, *à part, riant.* De cette manière, la morale est satisfaite... Je le mettrai dans mes cuisines... mon épouse n'y verra que du feu.

SCENE V.
LES MÊMES, PLANCHET.

PLANCHET, *au domestique qui lui barre l'entrée.* Puisque je vous dis que Pelotte m'a appelé... Tenez, même que la v'là !
LE MARQUIS, *au domestique.* Lapierre, laissez entrer !
PELOTTE, *même jeu.* Laissez entrer, Lapierre !
(*Le domestique disparaît.*)

PLANCHET, *saluant.* Monseigneur... je dépose mes respects...

LE MARQUIS, *riant.* Ah! ah! ah! l'excellente tête de mari!.. Oui, je le reconnais... toujours l'air aussi bête!

PLANCHET. Monseigneur n'a pas changé non plus...

LE MARQUIS. Et que sont devenus ces quatre petits drôles, dont tu étais, je crois, le piqueur, vaurien?

PLANCHET, *pleurant.* Hi, hi, hi, hi!

LE MARQUIS. Il geint!

PELOTTE, *pleurant aussi.* Hi, hi, hi, hi!

LE MARQUIS. Et Pelotte aussi!.. Voyons, que leur est-il donc arrivé de si fâcheux?..

PELOTTE. Ne m'en parlez pas...

PLANCHET ET PELOTTE. Hi, hi, hi, hi! Si vous saviez...

LE MARQUIS. Quoi? quoi?

PLANCHET. Figurez-vous qu'en revenant de la Rochelle, nous nous sommes trouvés devant un grand fossé, qui servait comme d'enceinte... il y avait un pont pour passer, mais il était plus loin; ces Messieurs, qui étaient à cheval, s'écrient: « Sautons le fossé! » En vain je leur dis: « Croyez-moi, gagnez le pont... » Ils ne m'écoutent pas, ils lancent leurs chevaux... mais quand ils sont en l'air, ils s'aperçoivent qu'ils n'atteindront pas l'autre bord; alors ils veulent tourner bride, mais les chevaux n'étant pas dressés à cette manœuvre, ils tombent dans le fossé... où je les ai laissés!..

LE MARQUIS, *joyeux.* Vraiment?.. ah! tant mieux... je m'en gaudis... ils n'ont que ce qu'ils méritent!.. Mais, en attendant, te voilà sans place, et tu voudrais entrer à mon service?

PLANCHET. J'avoue que cela me flatterait assez.

LE MARQUIS. Remercie donc ta fiancée, car je t'octroie cet honneur!

PLANCHET. Ah! ah! Monseigneur!

PELOTTE. Que de bontés!

LE MARQUIS. Tu habiteras ici, chez moi.

PLANCHET. Ah! ah! Monseigneur!

LE MARQUIS. Avec ta femme...

PLANCHET. Ah! ah! Monseigneur!

LE MARQUIS. Et si tu es doux, gentil, je serai le parrain de tous tes enfants... et je veux que tu en aies un tous les ans...

PLANCHET. Ah! c'est assez... vrai... Monseigneur me fait trop bonne mesure.

PELOTTE. Il nous comble... mais avec tout ça, Monseigneur ne m'a pas encore tant seulement acheté un bouquet.

LE MARQUIS. Tu as, ma foi, raison... et moi qui voulais en offrir un à la marquise... (*Il prend un des bouquets qu'elle tient.*) Voilà quelque chose qui me plaît.

PELOTTE, *lui reprenant le bouquet et lui en présentant un autre.* Oh! non, monsieur le marquis, pas celui-là... tenez... voici ce qu'il faut pour madame.

LE MARQUIS. Pourquoi plutôt celui-ci... j'aimais mieux l'autre.

PELOTTE. C'est que celui-ci est plus galant... (*Plus bas.*) Et je l'ai fait à votre intention.

LE MARQUIS. C'est différent... tu m'en diras tant...

PELOTTE. Aussi, dame! il est soigné.

Air de l'*Héritière.*

Vous y rencontrerez des roses,
Des violettes, des œillets,
Des marguerites demi closes,
Des pâquerettes, des muguets.

LE MARQUIS.

Oui, de ce joli don de Flore,
Les fleurs ont pour moi mille appas.
(*Regardant Pelotte avec intention.*)
Mais je trouve plus belle encore
Celle qui ne s'y trouve pas.

PLANCHET. Ah! ah! Monseigneur!

LE MARQUIS. Oui, oui... c'est assez spirituel...

PELOTTE. J'aperçois une grande dame qui se dirige de ce côté..

LE MARQUIS. C'est ma noble épouse.

SCÈNE VI.

LES MÊMES, LA MARQUISE.

LA MARQUISE. Je ne vois pas Hélène et l'heure a sonné.

LE MARQUIS, *donnant le bouquet.* Ah! Marquise, permettez-moi de vous offrir ce bouquet... que j'avais commandé pour vous à cette petite... elle a été exacte... je lui donnerai ma pratique.

PELOTTE. Si Madame est contente... c'est tout ce que je désire... (*A part.*) Elle le regarde à peine.

LE MARQUIS. Mais comment... rien à votre doigt... Hélène n'est donc pas revenue?

LA MARQUISE. Pas encore.

LE MARQUIS. Je suis sur des charbons ardents.

SCÈNE VII.

LES MÊMES, UN ÉCUYER DU CARDINAL.

L'ÉCUYER. La voiture de son éminence est à la porte de l'hôtel.

LE MARQUIS. Et le cardinal qui va s'impatienter... voyez si cette petite arrivera...

LA MARQUISE, *à part.* Que faire?

PLANCHET, *bas.* Si j'osais lui faire des signes.

PELOTTE, *bas.* Elle ne nous regarde pas.

SCÈNE VIII.

LES MÊMES, HÉLÈNE. (*Musique.*)

LA MARQUISE, *allant vivement à Hélène.* Ah! Hélène!.. (*Hélène ne répond pas et baisse les yeux.*) Je comprends... tout est perdu.

LE MARQUIS, *apercevant Hélène.* Hélène!.. tout est sauvé!. (*A Hélène.*) Donnez... donnez vite ce bijou, Mademoiselle... (*Il remonte la scène.*)
PELOTTE, *s'approchant d'Hélène et lui parlant bas.* Dites à madame la marquise de regarder dans le bouquet...
HÉLÈNE, *bas à la marquise.* Dans le bouquet!
LA MARQUISE, *y cherchant et y trouvant la bague.*) Ah!..
LE MARQUIS. Eh bien?..
LA MARQUISE. Eh bien! Monsieur, la voilà cette bague... vous voyez bien que je la mets à mon doigt...
LE MARQUIS. Ah! bravo!.. bravo!.. vous m'aviez fait une peur..
LA MARQUISE, *bas à Hélène.* Sauvée! sauvée!
UN DOMESTIQUE, *entrant.* Monseigneur, quatre mousquetaires demandent à vous présenter leur hommage.
LE MARQUIS. Quatre mousquetaires!..
UN DOMESTIQUE. MM. d'Artagnan, Athos, Porthos et Aramis.
LE MARQUIS. Je ne connais pas ces Messieurs-là, et je n'ai pas le temps...
LA MARQUISE. Ce sont les jeunes gens pour qui vous avez obtenu des brevets; ils viennent vous remercier... Vous ne pouvez vous dispenser de les recevoir...
LE MARQUIS. Ah! ce sont vos protégés... qu'ils soient introduits... je ne serai pas fâché de connaître ces Messieurs, que j'ai fait entrer dans les mousquetaires.

SCÈNE IX,

LES MÊMES, D'ARTAGNAN, ATHOS, PORTHOS, ARAMIS, *puis* GRAMMONT.

LES JEUNES GENS, *en uniforme de mousquetaire.*

Air de *Zampa.*

Ah! de vos bontés tutélaires,
Nous venons vous remercier tous,
Car si nous sommes mousquetaires,
Monseigneur, c'est bien grâce à vous.

LE MARQUIS, *saluant.* Messieurs... certainement... je suis bien charmé... Ah ça!.. mais je ne rêve pas... ce sont encore mes quatre démons... et c'est moi qui les ai fait entrer dans les mousquetaires!
D'ARTAGNAN. Croyez, monsieur le marquis, que nous en conserverons une éternelle reconnaissance...
PORTHOS, *parlant en pèlerin.* Oui, Monseigneur... et si nous retournons à la Mecque, ce sera à votre intention...
LE MARQUIS. A la Mecque!.. c'étaient aussi ces gourmands de pèlerins!.. Ah ça! vous ne vous êtes donc pas tués dans le fossé?
LES JEUNES GENS. Dans le fossé?..
ATHOS. Quel fossé?..
ARAMIS. Nous ne comprenons pas, Monseigneur...
LE MARQUIS, *à Planchet.* Qu'est-ce que tu m'as donc dit, toi, imbécile?
PLANCHET. Monseigneur, j'aurai eu une vision...
LA MARQUISE, *à Grammont, qui entre.* Ah!.. monsieur de Grammont!..
LE COMTE, *à la marquise* Oui, Madame.. la reine, à votre prière, a obtenu ma grâce... et je viens vous remercier...
LE MARQUIS, *apercevant le comte.* Eh! voilà ce cher Grammont!.. Vous êtes donc libre?.. Cet excellent ami !.. cela me fait un plaisir...
GRAMMONT. Je n'en saurais douter, Marquis, puisque c'est à vous que je dois ma liberté.
LE MARQUIS. A moi!..
LA MARQUISE. Ce placet que vous avez remis à la reine, était pour demander la grâce de Monsieur...
LE MARQUIS. Ah bah!.. (*A part.*) On me fait faire une foule de choses dont je ne me doute pas... (*Haut.*) Messieurs, excusez-nous, mais le cardinal nous attend... (*Bas à Pelotte.*) Tu seras bouquetière du roi...
PELOTTE. Non, je ne voulais vendre qu'un bouquet... je me remets ravaudeuse.
LE MARQUIS. Alors je te procurerai les jambes de la cour. (*Haut.*) Venez, Marquise... (*Musique. Il remonte la scène; la marquise le suit, et en passant devant les jeunes gens, elle leur donne sa main sans rien dire.*)
LES JEUNES GENS. Ah! Madame!
ATHOS, PORTHOS, ARAMIS. A nous la gloire!
D'ARTAGNAN, *baisant la main d'Hélène.* A moi le bonheur!

CHŒUR.

Air : *Salut, gloire éternelle.*

Allons, (*bis*) l'heure s'avance,
Éloignons-nous
Éloignez-vous } donc promptement
Il faut, près de son Éminence,
Que nous nous rendions
Que vous vous rendiez } à l'instant.

FIN.

LAGNY. — IMPRIMERIE DE GIROUX ET VIALAT.

EN VENTE CHEZ LE MÊME ÉDITEUR :

Titre	Prix	Titre	Prix	Titre	Prix	Titre	Prix
Une Femme compromise.	60	L'Almanach des 25,000 Adresses.	60	Chapeau Gris.	50	Daniel.	»
Patineur.	50			Sans Dot.	50	Jacques Maugers ou les Contrebandiers du Jura.	50
Madame Roland.	60	Une Histoire de Voleurs.	60	La Syrène du Luxembourg.	60		
L'Esclave du Camoëns.	50	Les Murs ont des Oreilles.	50	Homme Sanguin.	50	Le Voyage de Nannette.	50
Les Réparations.	50	L'Enseignement Mutuel.	50	La Fille obéissante.	50	Titine à la Cour.	50
Mariage du Gamin de Paris.	50	La Charbonnière.	50	O'ça.	50	Le baron de Castel-Sarrazin.	50
Veille de Mariage.	40	Le Code des Femmes.	50	La Croisée de Berthe.	50	Madame Marnette.	60
Paris bloqué.	60	On demande des Professeurs.	50	La Filleule à Nicot.	50	Un Gendre aux Épinards.	50
Un Ménage Parisien.	1 »	Le Pot aux Roses.	50	Les Charpentiers.	50	Madame veuve Latifla.	50
La Bonbonnière.	50	La Grande et les Petites Bourses.	50	Mademoiselle Furibole.	50	La Reine d'Yvetot.	50
Adrien.	50	L'Enfant de la Maison.	50	Un Cheveu Blond.	50	Les Manchettes d'un Vilain.	60
Pierre le Millionnaire.	60	Riche d'Amour.	60	La Recherche de l'Inconnu.	50	Le Duel aux Mauviettes.	50
Carlo et Carlin.	50	La Comtesse de Moranges.	50	Les Impressions de Ménage.	50	Les Filles du Docteur.	60
Le Moyen le plus sûr.	50	L'Amazone.	50	L'Homme aux 160 Millions.	60	Un Turc pris dans une porte.	50
Le Papillon Jaune et Bleu.	50	La Gloire et le Pot-au-Feu.	60	Pierrot Posthume.	50	Les Grenouilles.	50
Polka en Province.	40	Les Pommes de terre malades.	50	La Déesse.	50	Ce qui manque aux Grisettes.	50
Une Séparation.	50	Le Marchand de Marrons.	60	Une Existence décolorée.	50	La Poésie des Amours et...	50
Le roi Dagobert.	50	V'là ce qui vient d'paraître.	50	Didier l'honnête Homme.	60	Un Viveur de la Maison-d'Or.	
Frère Galfâtre.	40	La Loi salique.	50	L'Enfant de quelqu'un.	60	Un Troupier dans les Coulisses.	60
Nicaise à Paris.	50	Nuage au Ciel.	50	Les Chroniques bretonnes.	50		
Le Troubadour-Omnibus.	60	L'Eau et le Feu.	60	Haydée ou le Secret.	50	Ma Tabatière, ou comment on arrive.	50
Un Mystère.	60	Beaugaillard.	50	L'Art de ne pas donner d'Étrennes.	50		
Le Billet de fairepart.	60	Mardi Gras.	40			Graciosa, ou le Père embarrassant.	50
Pulcinella.	60	Le Retour du Conscrit.	50	Le Puff.	50		
Florina.	60	Dieux de l'Olympe.	60	La Tireuse de Cartes.	50	E. H.	50
La Sainte-Cécile.	50	Le Carillon de Saint-Mandé.	60	La Nuit de Noël.	»	Trompe-la-Balle.	50
Follette.	50	Geneviève.	60	Christophe le Cordier.	50	Un Vendredi.	50
Deux Filles à Marier.	60	Mademoiselle ma Femme.	40	La Rose de Provins.	40	Le Gibier du Roi.	50
Monseigneur.	50	Mal du Pays.	50	Les Barricades de 1848.	60	Breda-Street, ou un Ange déchu.	50
A la Belle Étoile.	60	Mort civilement.	60	34 Francs! ou sinon...	50		
Un Ange tutélaire.	60	Veuve de quinze ans.	40	La Fille du Matelot.	50	Adrienne Lecouvreur.	»
Un Jour de Liberté.	50	Garde-Malade.	40	Les deux Pommades.	50	Sans le Vouloir.	50
Wallace.	60	Fruit defendu.	40	La Femme blâsée.	50	Les Femmes socialistes.	50
L'Écolier d'Oxford.	40	Un Cœur de Grand'Mère.	60	Les Filles de la Liberté.	50	Le Mobilier de Bambouche.	40
L'Oiseau du Bocage.	60	Nouvelle Clarisse.	60	Hercule Belhomme.	50	Les Beautés de la Cour.	50
Paris à tous les Diables.	60	Place Ventadour.	60	Don Quichotte.	60	La Famille.	60
Une Averse.	50	Nicolas Poulet.	50	L'Académicien de Pontoise.	60	L'hurluberlu.	50
Madame de Cérigny.	60	Roch et Luc.	50	Ah! Enfin!	50	Un Cheveu.	50
Le Fiacre et le Parapluie.	60	La Protégée sans le savoir.	50	La Marquise d'Aubray.	60	L'Âne à Baptiste ou le Berceau du Socialisme.	60
Morale en action.	50	Une Fille Terrible.	40	Le Gentilhomme campagnard.	50		
Liberté Libertas.	50	La Planète à Paris.	50	Les Peureux.	40	Les Prodigalités de Bernarett e.	50
L'Île du Prince Touton.	40	L'Homme qui se cherche.	50	Le Chevalier de Beauvoisin.	50	Les Bourgeois des Métiers.	60
Mimi Pinson.	50	Maître Jean, ou la Comédie à la Cour.	60	Le Gentilhomme de 1847.	60		
L'Article 170.	50			La Rue Quincampoix.	60		
Les deux Viveurs.	50	Ne touchez pas à la Reine.	»	L'Ange de ma Tante.	60		
Les deux Pierrots.	50	Une année à Paris.	50	La République de Platon.	60		
Seigneur des Broussailles.	50	Amour et Bibaron.	50	Le Club Champenois.	60		
Un Poisson d'Avril.	50	En Carnaval.	50	Le Club des Maris.	60		
Deux Tambours.	50	Bal et Bastringue.	50	Oscar XXVIII.	60		
Constant la Gironette.	50	Un Bouillon d'onze heures.	40	Une Cuisine Anglaise.	50		
L'Amour dans tous les Quartiers.	60	Cour de Biberack.	60	Un Petit de la Mobile.	50		
Madame Bugolin.	50	D'Aranda.	50	Histoire de rire.	50		
Petit Poucet.	60	Partie à Trois.	50	Les 20 sous de Périnette.	50		
Camoëns.	50	Une Femme qui se jette par la fenêtre.	60	Le Serpent de la Paroisse.	60		
Escadron Volant.	50			Agénor le Dangereux.	50		
Le Lansquenet.	50	Avocat-Pédicure.	50	L'Avenir dans le Passé.	50		
Une Voix.	50	Trois Paysans.	50	Roger Bontemps.	50		
Agèle Bernau.	50	Chasse aux Jobards.	50	L'Été de la Saint-Martin.	60		
Amours de M. Denis.	50	Mademoiselle Grabutot.	50	Jeanne la Folle.	50		
Porthos.	60	Père d'occasion.	50	Les suites d'un Feu d'Artifice.	»		
La Pêche aux Beaux-Pères.	50	Croquignole.	50	O Amitié!... ou les trois Époques.	60		
Révolte des Marmousets.	50	Henriette et Charlot.	50				
Le Troisième Mari.	50	Le Chevalier de Saint-Rémy.	60	La Propriété, c'est le Vol.	50		
Un Premier Souper.	60	Malheureux comme un Nègre.	50	La Poule aux Œufs d'Or.	50		
L'Homme à la Mode.	50	Un Vœu de jeune Fille.	50	Élevés ensemble.	50		
Une Confidence.	50	Secours contre l'Incendie.	50	L'Hôtellerie de Genève.	50		
Le Ménétrier.				A bas la Famille ou les Banquets.	50		

En vente, chez le même Éditeur :

THÉATRE COMPLET DE MADAME ANCELOT
QUATRE VOLUMES IN-8°
Superbe édition ornée de vingt gravures sur bois par M. Raffet
Et de vingt têtes d'expression lithographiées
LES DESSINS SONT DE MADAME ANCELOT
PRIX : 20 FRANCS

LAGNY. — Imprimerie de GIROUX et VIALAT.